Inclusão Escolar
Conjunto de práticas que governam

Maura Corcini Lopes
Morgana Domênica Hattge
(Organizadoras)

Inclusão Escolar
Conjunto de práticas que governam

2ª Edição

autêntica

Copyright © 2009 As organizadoras

PROJETO GRÁFICO DA CAPA
Christiane Costa
(Sobre imagem de Stock.xchng)

EDITORAÇÃO ELETRÔNICA
Eduardo Costa de Queiroz

REVISÃO
Vera Lúcia Di Simoni Castro

EDITORA RESPONSÁVEL
Rejane Dias

Revisado conforme o Novo Acordo Ortográfico.

Todos os direitos reservados pela Autêntica Editora. Nenhuma parte desta publicação poderá ser reproduzida, seja por meios mecânicos, eletrônicos, seja via cópia xerográfica, sem a autorização prévia da Editora.

AUTÊNTICA EDITORA LTDA.
Rua Aimorés, 981, 8º andar . Funcionários
30140-071 . Belo Horizonte . MG
Tel: (55 31) 3222 68 19
TELEVENDAS: 0800 283 13 22
www.autenticaeditora.com.br

Dados Internacionais de Catalogação na Publicação (CIP)
(Câmara Brasileira do Livro, SP, Brasil)

Inclusão escolar : conjunto de práticas que governam / Maura Corcini Lopes, Morgana Domênica Hattge (orgs.) . – 2. ed. – Belo Horizonte : Autêntica Editora, 2011.

Vários autores.

ISBN 978-85-7526-427-0

1. Educação inclusiva 2. Inclusão escolar 3. Inclusão social 4. Integração escolar 5. Pedagogia I. Hattge, Morgana Domênica. II. Lopes, Maura Corcini.

09-08106   CDD-379.263

Índices para catálogo sistemático:
1. Inclusão escolar : Política educacional : Educação 379.263

Sumário

Uma apresentação: diferenças e educação;
governamento e resistência
Sílvio Gallo... 7

Sobre a (in)governabilidade da diferença
Ana Paula Roos... 13

A língua de sinais na escola inclusiva: estratégias
de normalização da comunidade surda
Betina S. Guedes... 33

A produção do aluno nos pareceres descritivos:
mecanismos de normalização em ação
Elí Henn Fabris... 51

Um corpo mais perfeito
Iolanda Montano dos Santos... 69

Gerenciamento da família: inclusão de todos
numa política da saúde
Mara Marisa da Silva... 89

Inclusão como prática política de governamentalidade
Maura Corcini Lopes... 107

Empresariamento da educação e autonomia escolar:
estratégias de governamento na escola inclusiva
Morgana Domênica Hattge... 131

Reprovação escolar: prática que governa
Rejane Ramos Klein... 149

"Tenho 25 alunos e 5 inclusões"
Roberta Acorsi... 169

Escola, modernidade e contemporaneidade
Viviane Klaus.. 185

Educação e governamento
Alfredo Veiga-Neto
Jorge Larrosa... 207

As autoras e os autores 219

Uma apresentação:
diferenças e educação; governamento e resistência

Sílvio Gallo

A noção de diferença ganhou o mundo, no final do século vinte. E chegou ao campo teórico da educação e às escolas. Educar *a* diferença; educar *na* diferença; educar *para a* diferença passaram a ser palavras de ordem em planos de educação de órgãos governamentais, em projetos políticos pedagógicos de escolas, em projetos de organizações não governamentais. Projetos multiculturais proliferam, culturas de paz, tolerância e convivência consensual são afirmadas nos mais diversos âmbitos. Afirmamos o multiculturalismo e o respeito à diversidade e dormimos em paz com nossa consciência burguesa. Como diria o impertinente Tom Zé (2003, p. 158), "faça suas orações uma vez por dia, depois mande a consciência, junto com os lençóis, pra lavanderia...".

Mas compreendemos, de fato, a diferença? Vivemos a diferença, ou ela está apenas em nossos discursos? A diferença está aí, sempre esteve, para quem teve olhos para ver... E não está para ser reconhecida, respeitada, tolerada. Tudo isso implica tentar apagar a diferença, não vê-la e vivê-la.

A questão é que estamos colonizados pela filosofia da representação e, em seu contexto, percebemos a diferença em relação a esse e não em relação a si mesma. A lógica da representação é centrada no princípio de identidade, que afirma que uma coisa é idêntica a si mesma (A=A) e diferente de seu outro (A≠B). A diferença é pensada, portanto, sempre em relação à identidade. Se dizemos que *x* é diferente, é porque ele é diferente de certa identidade previamente definida, isto é, *x* é diferente de *y*, por exemplo. Para dizer de outra maneira, pensamos sempre a diferença em relação a algo, nunca a diferença pela diferença, ou a diferença em si mesma. Nesse referencial, a diferença não é, de fato, diferença, mas simples *variação*. Por isso, está contida no mesmo. E pode ser respeitada, tolerada, reconhecida, porque não sai do contexto, porque não causa estrago, porque apenas confirma a norma. Seja ou não trazida para dentro da norma, ela é a confirmação da regra.

Gilles Deleuze (2000, p. 121-122) apontou com precisão em que medida a filosofia da representação perde a diferença:

> A representação deixa escapar o mundo afirmado da diferença. A representação tem apenas um centro, uma perspectiva única e fugidia e, portanto, uma falsa produtividade; mediatiza tudo, mas não mobiliza nem move nada. O movimento implica, por sua vez, uma pluralidade de centros, uma superposição de perspectivas, uma imbricação de pontos de vista, uma coexistência de momentos que deformam essencialmente a representação: já um quadro ou uma escultura são "deformadores" que nos forçam a fazer o movimento, isto é, a combinar uma visão rasante e uma visão mergulhante, ou a subir e a descer no espaço na medida em que se avança.

Para experimentar a diferença, é preciso mudar os "óculos filosóficos". Deleuze propôs uma filosofia baseada na diferença, e não na identidade, que escapa ao âmbito da representação. Segundo o filósofo, a diferença é tratada na filosofia da representação como uma espécie de "monstro":

> E não é certo que seja apenas o sono da Razão a engendrar monstros. Também a vigília, a insônia do pensamento, os engendra, pois o pensamento é este momento em que a determinação se faz una à força de manter uma relação unilateral e precisa com o indeterminado. O pensamento 'faz' a diferença, mas a diferença é o monstro [...] Arrancar a diferença de seu estado de maldição parece ser, pois, a tarefa da filosofia da diferença. (DELEUZE, 2000, p. 82-83)

A filosofia da diferença tem por meta tirar a diferença do jugo da representação, em que ela é vista mais como negação ou ao menos como relativa a uma identidade, para tratá-la como afirmação. Deixar de vê-la como monstro. Tomando a diferença em si mesma e para si mesma, sem ser relativa a algo ou mesmo uma negação significa deslocar o referencial da unidade para a multiplicidade. Diferenças, sempre no plural. Diferenças que não podem ser reduzidas ao mesmo, ao uno; diferenças que não estão para ser toleradas, aceitas, normalizadas. Diferenças pelas diferenças, numa política do diverso.

***

Se o foco de Deleuze – tanto em sua obra "solo" quanto em sua produção com Félix Guattari – foi o de tratar filosoficamente a diferença fora do contexto da representação, investindo em uma filosofia das multiplicidades e que não tomasse o Uno como referência primeira, seu contemporâneo Michel Foucault, por sua vez, investiu esforços em mostrar como, na modernidade e contemporaneamente, foram sendo construídos os mecanismos para a "contenção" das diferenças. Parece ser necessário que a sociedade defenda-se das diferenças, contenha-as num padrão de normalidade, para que possam ser administradas, governadas, para que não fujam ao controle, uma vez que não teríamos como saber as consequências de um acontecimento dessa natureza.

O conjunto de cursos ministrados por Foucault, na segunda metade da década de 1970, foi dedicado à análise do fenômeno do biopoder e às técnicas de governamento, que o levaram ao governo de si e a seus últimos estudos sobre a construção ética dos sujeitos. Podemos perceber esse percurso em "Os Anormais" (1974-1975); "Em Defesa da Sociedade" (1975-1976); "Segurança, Território e População" (1977-1978); "Nascimento da Biopolítica" (1978-1979); e "Do Governo dos Vivos" (1979-1980). No resumo do curso de 1974-1975, podemos ler:

> Desde 1970, os cursos trataram da lenta formação de um saber e de um poder de normalização a partir dos procedimentos jurídicos tradicionais do castigo. O curso do ano 1975-1976 terminará este ciclo com o estudo dos mecanismos através dos quais, desde o final do século XIX, pretendeu-se "defender a sociedade". (FOUCAULT, 1997, p. 66-67)

Eu tomo a liberdade de acrescentar: ao mesmo tempo em que o curso acima citado fecha um ciclo, marca a transição para esse outro, que se dedica a analisar como esse saber e esse poder de normalização puderam constituir-se como técnicas de governo, como forma de administrar, de instituir uma polícia das ações, de modo a conter as diferenças no plano da normalização, no limite do sustentável, impedindo uma proliferação que fugisse a qualquer controle.

***

Esses dois autores – Deleuze e Foucault – nos oferecem, pois, poderosas ferramentas para pensarmos as práticas educacionais brasileiras contemporâneas, especialmente estas que se propõem a tratar da "educação inclusiva", a cuidar das diferenças, a garantir a "igualdade para todos". Nem que a garantia da igualdade signifique o apagamento da diferença, a entronização da desigualdade.

Os capítulos que compõem o livro *Inclusão Escolar: conjunto de práticas que governam* inscrevem-se entre os esforços de tomar as ferramentas conceituais deleuzianas e, principalmente, foucaultianas, para desvendar as armadilhas do discurso inclusivo e experimentar possibilidades de pensar uma educação que, de fato, possa tratar com as diferenças como diferenças de fato.

O livro, organizado por Maura Corcini Lopes e Morgana Domênica Hattge, é uma produção do Grupo de Estudo e Pesquisa em Inclusão – Gepi – sediado na Unisinos. Esse grupo trabalha há oito anos analisando o problema da inclusão escolar em suas diversas facetas, e o presente livro é uma de suas últimas produções, fruto do estudo sistemático da obra de Michel Foucault, especialmente nos textos em que foi tematizada a questão da governamentalidade, especialmente alguns dos cursos da década de 1970, citados anteriormente.

Encontramos aqui estudos de cunho teórico, voltados para a análise da prática da inclusão como política de governamentalidade, envolvendo seus vários aspectos – como a reprovação escolar enquanto tática de governamento; o gerenciamento da família; as estratégias empresariais levadas à escola; o uso dos pareceres descritivos como forma de normalizar os estudantes –; a análise filosófica da diferença, explicitando sua ingovernabilidade; as estratégias de normalização da comunidade surda na escola inclusiva através da Língua de Sinais; as técnicas de superação do corpo, na busca de uma perfeição ilusória; os meandros da gestão neoliberal na escola pública democrática; as práticas de inclusão na escola brasileira contemporânea. Encerra o livro uma "provocação teórica" em torno do tema educação e governamento, através de uma entrevista de Alfredo Veiga-Neto com Jorge Larrosa.

O leitor preocupado com o tema da inclusão na educação encontrará nesse livro estudos preciosos e, certamente, novos elementos para pensar. Coerentes com os trabalhos de Foucault, os capítulos desse livro não nos oferecem caminhos de como realizar a inclusão, mas sim desvendam os meandros do que se tem feito nessa direção e problematizam tais caminhos, convidando-nos a pensar com eles e, criativamente, inventar outros caminhos.

Referências

DELEUZE, Gilles. *Diferença e repetição*. Lisboa: Relógio D'Água, 2000.

TOM ZÉ. *Tropicalista lenta luta*. São Paulo: PUBLIFOLHA, 2003.

FOUCAULT, Michel. *Resumo dos cursos do Collège de France (1970-1982)*. Rio de Janeiro: Jorge Zahar, 1997.

Sobre a (in)governabilidade da diferença

Ana Paula Roos

> Só há disciplina na medida em que há multiplicidade e um fim, ou um objetivo, ou um resultado a ser obtido a partir dessa multiplicidade. A disciplina escolar, a disciplina militar [...], tudo isso é uma maneira determinada de conduzir a multiplicidade, de organizá-la, de fixar seus pontos de implantação, suas coordenadas, suas trajetórias laterais e horizontais, suas trajetórias verticais e piramidais, sua hierarquia, etc. E o indivíduo, para uma disciplina, é muito mais uma maneira de recortar a multiplicidade do que a matéria prima a partir da qual se a constrói.
> [...] a soberania e a disciplina, assim como a segurança, desde cedo, só podem ser vistas frente a multiplicidades. (FOUCAULT, 2006a, p. 28)

As multiplicidades são intensas e plenas de possibilidades. Elas são primeiras, afirmativas, e, perante elas, agimos e reagimos – delimitando, legislando, disciplinando, governando, colocando isso aqui e aquilo ali em determinado momento e, já em outro, mexendo nesses agrupamentos, invertendo ordens, valores... Em educação, diante de multiplicidades e de tudo o que elas podem oferecer à experimentação do aprender, grudou-se a ideia de *diferença* à de *diversidade* e a ideia de *inclusão* à de *deficiência*. A *deficiência*, sendo atada à *diversidade*, criou a ponte entre *inclusão* e *diferença*... São conceitos criados em redes, com sentidos e práticas governados, movimentando práticas de governamento na escola e em torno dela. É revirando essas articulações que trabalho neste texto, seguindo rastros de discursos que povoam nosso contexto escolar, para olhar para as aglutinações e os sentidos produzidos, procurando perceber o que se envolve com eles e de que modo; procurando perceber algumas relações de governamento sobre a diferença e alguns limites dessa tentativa de controle.

Caminhos e modos para governar a todos e a cada um em suas diferenças

Desde o final dos anos 90, pelo menos, quando falamos em *inclusão* no âmbito de nossas vivências escolares, estamos falando do movimento de agregação dos alunos com deficiências nas turmas regulares de escolas públicas e privadas sob o chamamento de uma *educação de qualidade a todos*.

Para falarmos sobre algo, usamos nossa linguagem e racionalidade. Ambas são limitadas e funcionam delimitando aquilo de que falam, aquilo sobre o que se atêm, instituindo o próprio objeto, construindo significados, produzindo sentidos. A inclusão, com suas falas e também com suas práticas, vem sendo constituída há anos dessa forma, suscitando o sentido de agregação, sentido esse que é também interpretação:

> Toda interpretação é determinação do sentido de um fenômeno. O sentido consiste precisamente numa relação de forças, segundo a qual algumas *agem* e outras *reagem* num conjunto complexo e hierarquizado. Qualquer que seja a complexidade de um fenômeno, distinguimos bem forças ativas, primárias, de conquista e subjugação, e forças reativas, secundárias, de adaptação e de regulação. (DELEUZE, 1994, p. 21)

A fala é uma produção histórica e linguística articulada com uma racionalidade que define contornos, aponta caminhos, conquista, subjuga, adapta, regula, distribui papéis, liga e desliga a luz nessa ou naquela cena, instituindo e mobilizando práticas educativas no contexto que identificamos como escolarizado.

Valendo-nos de Michel Foucault (2003, 2006a), podemos pensar a educação escolarizada como dispositivo disciplinar e de segurança, amparado fortemente por mecanismos legais ou jurídicos. *Disciplinar*, por generalizar e conectar diferentes técnicas a fim de responder a objetivos bem específicos: aprendizagem escolar, formação para democracia, para cidadania, para paz, para inclusão... *De segurança*, por estar amplamente envolvida e responsabilizada pelo ensino e pelas práticas de governamento[1] das condutas de cada um em relação a si mesmos e aos outros.

Um dispositivo tem sempre uma função estratégica e pode ser entendido como um "conjunto decididamente heterogêneo que engloba discursos, instituições, organizações arquitetônicas, decisões regulamentares, leis, medidas administrativas, enunciados científicos, proposições filosóficas, morais, filantrópicas" (FOUCAULT, 2006b, p. 244).

O modo como se entende inclusão hoje, no âmbito escolar, vem sendo legislado, gestado, proclamado, declarado há muito tempo. Para entendermos os movimentos e os significados atuais, não podemos prescindir daquilo que foi discutido e acordado na *Declaração Mundial sobre Educação para Todos,* que aconteceu em Jomtien, na Tailândia, em 1990. O que foi proclamado nesse encontro deu condições para desdobramentos no cenário educacional escolarizado, afetando o funcionamento das escolas e a vida de muitas pessoas que até então não eram chamadas a estar na escola. Nem a escola era tão fortemente chamada a tê-las consigo, no afã de "universalizar o acesso à educação e promover a equidade" (artigo 3) a "todas as crianças, jovens e adultos", "meninas e mulheres"; "grupos excluídos"; "os pobres"; "meninos e meninas de rua ou trabalhadores"; "população de periferias urbanas e zonas rurais"; "nômades"; "trabalhadores migrantes"; "povos indígenas"; "povos submetidos a um regime de ocupação" e "pessoas portadoras de deficiência", que "requerem atenção especial":

---

[1] Para mais esclarecimentos sobre o conceito de governamento e conceitos correlacionados, como governo e governamentalidade, veja Veiga-Neto (2005) e Veiga-Neto; Lopes (2007).

> Artigo 3 [...]
>
> 5. [...] É preciso tomar medidas que garantam a igualdade de acesso à educação aos portadores de todo e qualquer tipo de deficiência, como parte integrante do sistema educativo.

Declaração Mundial sobre Educação para Todos – 1990.

Também não podemos deixar de mencionar o que foi declarado em 1994, em Salamanca, na Espanha, com foco mais ajustado nas práticas vinculadas às necessidades educativas especiais dos sujeitos:

> Sobre Princípios, Políticas e Práticas na Área das Necessidades Educativas Especiais
>
> 2. Acreditamos e proclamamos que: [...]
> aqueles com necessidades educacionais especiais devem ter acesso à escola regular, que deveria acomodá-los dentro de uma Pedagogia centrada na criança, capaz de satisfazer a tais necessidades, escolas regulares que possuam tal orientação inclusiva constituem os meios mais eficazes de combater atitudes discriminatórias criando-se comunidades acolhedoras, construindo uma sociedade inclusiva e alcançando educação para todos; além disso, tais escolas provêem uma educação efetiva à maioria das crianças e aprimoram a eficiência e, em última instância, o custo da eficácia de todo o sistema educacional.

Declaração de Salamanca – 1994.

Esses dois momentos de definição, vividos em Jomtien e em Salamanca, de abrangência mundial, estão, por sua vez, diretamente relacionados à *Declaração Universal dos Direitos Humanos*, de 10 de dezembro de 1948, na qual destaco:

> Artigo I - *Todas as pessoas nascem livres e iguais em dignidade e direitos*. São dotadas de razão e consciência e devem agir em relação umas às outras com espírito de fraternidade.

> Artigo VI - Toda pessoa tem o *direito de ser*, em todos os lugares, *reconhecida como pessoa perante a lei*.
> Artigo XXVI - 1. *Toda pessoa tem direito à instrução*. A instrução será gratuita, pelo menos nos graus elementares e fundamentais. A instrução elementar será obrigatória. [...]

Declaração Universal dos Direitos Humanos – 10 de dezembro de 1948 (grifos meus).

As relações entre essas declarações, entendidas como acontecimentos ligados a lutas pelo estabelecimento de direitos iguais entre as pessoas, não são relações que se implicam por decorrência direta ou desdobramento natural de uma a outra ou de todas as políticas inclusivas. Elas são trazidas no plano deste texto para nos auxiliar a entender como o que temos hoje é possível a partir das condições dadas pelo que vem ocorrendo no Brasil e no mundo em torno das discussões sobre direitos equitativos e o direito específico à educação.

Todos esses movimentos de luta e de conquista de direitos oferecem condições, apontam diretrizes e, ao mesmo tempo, exigem desdobramentos legais específicos que tenham impacto direto sobre as práticas. Podemos verificar isso na Lei de Diretrizes e Bases para a Educação Nacional, de 1996, que mantém o foco nos educandos com necessidades educativas especiais:

> Art. 4º. O dever do Estado com a educação escolar pública será efetivado mediante a garantia de: [...]
> III - atendimento educacional especializado gratuito aos educandos com necessidades especiais, preferencialmente na rede regular de ensino; [...]

LDBEN – Lei nº 9.394, de 20 de dezembro de 1996.

> Art. 58º. Entende-se por educação especial, para os efeitos desta Lei, a modalidade de educação escolar, oferecida preferencialmente na rede regular de ensino, para educandos portadores de necessidades especiais.

LDBEN – Lei nº 9.394, de 20 de dezembro de 1996.

É nas intersecções dos movimentos reivindicatórios, das legislações, do interesse do Estado, da sociedade civil, ou seja, dos saberes e poderes que circulam e constituem as realidades que vivenciamos, subjetivando-nos de diferentes formas, que as ideias, as práticas, os sentidos são construídos. Isso é o que nos conduz a nos governar em relação a nós mesmos e em relação aos outros de modo articulado. A isso Foucault (1996, 2006a) atribui o conceito de *governamentalidade*.

Abordando soberania, disciplina e segurança como modos de relação entre saberes, poderes e subjetivação para a construção de verdades ao longo do que se convenciona chamar de história, Foucault (2006a) auxilia-nos a entender dinâmicas que vêm compondo o nosso mundo através dos séculos. Reiterações, cortes, sobreposições, negações, afirmações fazem parte desses movimentos, manifestando-se de maneira mais específica em determinados períodos, graças às suas condições.

No que diz respeito a modos de condução ou governo, Foucault (2006a) identificou em determinada época a existência mais enfática de um poder centralizado num soberano, que estabelecia seu domínio sobre um território; em outra, o estabelecimento de um conjunto mais organizado de saberes que sustentavam o domínio de um Estado através de um forte e rígido disciplinamento sobre cada um; e, com o surgimento do liberalismo e com o fortalecimento e a expansão dos domínios econômicos, a possibilidade do surgimento de uma noção mais complexa da chamada "arte de governar" e a necessidade de governar todos e cada um de modo articulado, entendendo cada um como um projeto a ser (auto)desenvolvido em sua individualidade e todos no sentido de pertencimento e funcionamento em uma população, amplamente perpassada por questões econômicas. Foucault mostra-nos o deslocamento do foco do governamento do território para o governamento da população, sendo que:

> esta não é concebida como um agrupamento de sujeitos de direito, nem como um conjunto de braços destinados ao trabalho; ela é analisada como um conjunto de elementos que, por um lado, se vinculam ao regime geral dos seres vivos (a população pertence então à espécie humana: a noção, nova na época, deve distinguir-se do "gênero humano") e, por outro, pode dar sustento a intervenções combinadas (por intermédio das leis, mas também das mudanças de atitude, de maneiras de fazer e de viver que são possíveis de obter mediante "campanhas". (FOUCAULT, 2006a, p. 414)

A população, nesse sentido, é objeto de conduta, como elemento coletivo que necessita ser governado de modo seguro para bem produzir, mas, mais fortemente, é o meio onde se realiza o governamento dos indivíduos. Essa população passa sempre por redefinições de seus limites e da participação de seus integrantes. Pertencer a esse grupo, fazer parte de uma população é um requisito de sobrevivência contemporânea, uma condição para circulação, para usufruir a vida. Ou seja, o problema da circulação, na contemporaneidade, não está mais circunscrito às coisas como mercadorias, mas envolve e significa a vida das pessoas (talvez para fomentar o aumento da circulação das próprias coisas...).

Assim como Foucault (2006a) identificou e mapeou importantes modificações na arte de governar a partir da "Razão de Estado", surgida no final do século XVI e início do século XVII, poderíamos inferir novas transformações nas ações de governamento com o desenvolvimento de uma "Razão de Mercado" em nosso contexto neoliberal, que vem se sobrepondo ao

Estado e às suas razões e passa a imperar em tempos de globalização. Essa razão privilegia o empoderamento dos indivíduos na população, mas um empoderamento que lhes dê condições de circulação e consumo e que não os transforme em risco para a autorregulação da população e do próprio mercado.

É muito importante entender que Foucault não nos propõe uma leitura linear da manifestação dos três modos de governamento – soberano, disciplinar e de segurança –, e tentar entender como eles coexistem, deslocam-se, têm seus sentidos remexidos através dos tempos. Continua havendo territórios e seus soberanos, ainda que as fronteiras geográficas estejam borrando-se em um contexto de globalização. A noção de território é ampliada para além do "pedaço determinado de terra". Hoje, temos entendimentos múltiplos sobre "territórios": ligados às extensões geográficas, ao uso de linguagens, delimitados por culturas, pelo cruzamento entre culturas, territórios virtuais... Temos ainda leis que definem e sustentam vários desses territórios. Cada vez mais, também se pluralizam saberes específicos e minimalistas para definir e utilizar as coisas, os lugares, as substâncias, as pessoas, etc., exigindo determinados comportamentos, criando uma série de posturas, gerando a necessidade de outras tantas habilidades e disciplinas... E tudo isso completamente articulado com um aumento, cada vez maior, de mecanismos flexíveis, minúsculos, despercebidos, de segurança e de controle de tudo o que pode ser captado enquanto ocorrido no dia a dia ou em sua probabilidade de ocorrer.

É na moldura de entendimento esboçada até aqui que podemos nos lançar a pensar aquilo que vem sendo chamado de "escola inclusiva" como uma estratégia do dispositivo educacional. Tal dispositivo, além dessa estratégia, teria como tecnologias de disciplinamento e de segurança as políticas de inclusão escolar, os professores, os especialistas, a família, os recursos pedagógicos, os serviços de apoio, etc.

Podemos pensar também a inclusão – como projeto que quer trazer todos os sujeitos para o espaço-tempo da escola regular, a fim de oferecer-lhes possibilidades de aprendizagem mais igualitárias – como um programa ou uma *programação*, ou seja, como um conjunto de "prescrições calculadas e pensadas, e segundo as quais se deveriam organizar instituições, dispor espaços, regrar comportamentos" (FOUCAULT, 2003, p. 344). Inclusão como uma programação de demanda externa e interna a ser desenvolvida pela escola junto aos diferentes sujeitos, produzindo efeitos, cristalizando significados, informando comportamentos e servindo de referência para a percepção e apreciação das coisas, pessoas, ações; inclusão que passa por simplificações, recortes, acréscimos, escapando do previsto, com toda a ambiguidade que esse escape possa gerar.

A ideia de programação colabora com aquilo que Nicolas Rose chama de "política contemporânea da competência", que se estende a todos e interpela a cada um de nós, incluindo os "aviltados", excluídos anteriormente, que precisam ser chamados à sua potencial atividade de "autogestão":

> [...] deve sua alienação ser revertida equipando-os de certas capacidades subjetivas: precisam ter responsabilidade, precisam mostrar que são capazes de realizar ações e fazer escolhas calculadas, precisam moldar sua vida segundo um código moral de responsabilidade individual e obrigações na comunidade. (ROSE, 1996, p. 347)

Capturas da diferença nos processos de inclusão

Com base na ideia de inclusão como programação que prescreve, calcula, organiza instituições, dispõe espaços e regra comportamentos, proponho um exercício: olhar para falas articuladas diretamente com o contexto escolar. Para isso, tomo como exemplificação de falas e práticas escolares sobre inclusão partes do que é publicado na Revista *Nova Escola* em torno da temática, em função da ampla circulação dessa revista e de seu caráter bastante pragmático quanto ao direcionamento da docência no Brasil, isto é, seu objetivo claro em conduzir as práticas escolares – em ensinar como entender e "o que" e "como" fazer para implementar a inclusão na escola regular – por meio de sugestões baseadas em legislações vigentes, diretrizes nacionais e casos considerados bem-sucedidos no sentido de criar modelos de atuação.

Nesse exercício de abordagem, destacarei as relações estabelecidas entre inclusão e deficiência e entre deficiência e diferença, percebendo que, nessas capturas de significados, surge uma relação entre inclusão e diferença que enrijece o sentido da diferença, igualando-a à diversidade.

a) Sobre a construção associativa que se estabeleceu entre *inclusão* e *deficiência*:

Reportagem de capa: *"Inclusão: qualidade para todos"*

"Aceite o desafio de incluir deficientes em sua sala de aula. Todos vão ganhar com isso"

Revista Nova Escola, junho de 1999 – n. 123

Reportagem de capa: *"A inclusão que funciona"*

"Mais do que criar condições para os deficientes, a inclusão é um desafio que implica mudar a escola como um todo, no projeto pedagógico, na postura diante dos alunos, na filosofia..."

Revista Nova Escola, setembro de 2003 – n. 165

Capa: *"Inclusão"*

"Todos aprendem quando as crianças com deficiência vão à escola junto com as outras"

Revista Nova Escola, outubro de 2006 – Edição Especial "Inclusão", n. 11

Variam um pouco os itens, mas, quando a revista aborda o tema "inclusão", desde 1999, ele está associado a diversas deficiências, principalmente: síndrome de Down, surdez, cegueira, deficiência mental e deficiência múltipla. Atender às crianças com deficiência na escola regular é o chamamento da inclusão. Para isso, surge um rol de necessidades específicas e complexas em relação ao qual a escola passa a ser cobrada e deve dar conta: recursos específicos, trabalho de equipe com especialistas, interação efetiva com as famílias, conhecimentos especializados, entre outros. Ganha volume todo um conjunto de ações e de modos de agir que a escola passa a digerir e a criar ou ceder a mobilizações, projetos, campanhas, etc., esquecendo, muitas vezes, que o seu compromisso está relacionado com um compromisso maior, do Estado, nesse oferecimento e respaldo de direitos. Não podemos esquecer que a escola precisa achar meios de oferecer espaços e tempos de aprendizagem de qualidade, mas respaldada por boas políticas públicas, amparada por recursos materiais e humanos qualificados. A "escola inclusiva" tem *um* dos papéis na construção de um "mundo mais inclusivo", que, coerentemente, deveria poder ser chamado apenas de *mundo* – e ela, apenas de *escola*...

Cabe chamar a atenção para a necessidade de reiteração em torno da ideia de que "todos vão ganhar" com o fato de estarem *juntos na escola*. Isso é dito em 1999 e precisou continuar sendo dito em 2006, já que não se tornou algo tranquilo. Não há um conjunto de conhecimentos objetivos sobre as deficiências, sobre a inclusão, que possa ser repassado e imediatamente assumido pela comunidade escolar (sem falar na população em geral, da qual a escola é um recorte...). Somos subjetivados por vários discursos que nos interpelam e que constroem redes de significados a respeito das coisas, das pessoas, das relações. Os sentidos produzidos têm mais força que os conhecimentos. Sem negar, é claro, que os conhecimentos participam na alteração dos sentidos. São relações que não podem ser esquecidas. Um entendimento não é algo que passa somente pelo filtro da lógica e se "resolve" de uma vez por todas, mas algo que nos passa, atravessa-nos o corpo. As novidades não suplantam o que já era conhecido. Novos entendimentos convivem com antigos, às vezes em luta, às vezes em processo de ressignificação ou de hierarquização. Aí vemos a complexificação da vida na contemporaneidade, um tecido múltiplo de diferentes corpos, percepções, entendimentos, vontades e poderes.

b) Sobre o entendimento de *deficiência* como *diferença*:

Capa: *"Inclusão: uma utopia possível"*
"Entenda por que a convivência dos diferentes amplia os horizontes escolares e sociais de todos"

Revista Nova Escola, junho de 1999 – n. 123

Capa: *A escola que é de TODAS as crianças*
"Na escola que é de todas as crianças, o papel do professor é ensinar a ser solidário e conviver com a diferença"
Seção: *Sala de aula – A escola que é de todas as crianças*
"A inclusão cresce a cada ano e, com ela, o desafio de garantir uma educação de qualidade para todos. Na escola inclusiva, os alunos aprendem a conviver com a diferença e se tornam cidadãos solidários. Para que isso se torne realidade em cada sala de aula, sua participação, professor, é essencial"

Revista Nova Escola, maio de 2005 – n. 182

Apresenta-se uma abordagem modificada do tema no âmbito das discussões e das práticas educacionais e pretende-se que a deficiência passe a ser encarada como "diferença". A deficiência é entendida como uma das diferenças possíveis de ser identificadas entre as pessoas. Diferença como diversidade. Esse movimento amplia a discussão e, principalmente, pode alterar o *status* negativo da deficiência como "anormalidade" perante a comunidade escolar – e social, mais ampla –, colocando-a num patamar de aceitação.

Desde o fim do século XIX, muitas instituições vinham trabalhando com os indivíduos identificados como "anormais". Foucault chama a atenção para "a criação de uma rede institucional complexa que, nos confins entre a medicina e a justiça, serve ao mesmo tempo de estrutura de 'recepção' para os anormais e de instrumento para a 'defesa' da sociedade" (FOUCAULT, 2002, p. 419). Isso nos possibilita fazer um exercício de pensamento que tenha como foco o que estamos vendo hoje no plano da educação inclusiva: a criação do sentido de escola para todos vinculado à escola regular, que, regulada por uma economia de mercado neoliberal e por uma justiça globalizada, serve como estrutura de "recepção", ao mesmo tempo, para normais e deficientes – ups! –, quer dizer, para alunos regulares e de inclusão – ai, não! –, ou melhor, para sujeitos diferentes (ufa!) e de instrumento para a segurança da sociedade, para o controle do risco econômico que representaria a permanência desse contingente da população fora de circulação.

Em meio a muitos elementos que vão ganhando forma na história, surge lugar para o *insight* de que pode ser muito mais produtivo, para uma economia de livre mercado, deixar transformar aquilo que identificava os deficientes como inferiores em algo interessante ou em diversidade, categoria em que todos se encaixam – poderíamos dizer, uma qualidade de cada um na população. Esse entendimento amplia as áreas e os modos de circulação e os circulantes; aumenta o número de potenciais consumidores; e, junto com isso, multiplica e qualifica os processos de condução e gerenciamento dos meios, dos fins e dos sujeitos, governados para pensar que são livres em "suas" escolhas.

Vivemos uma época de fabricação de desejo, e esse "é o elemento que vai impulsionar a ação de todos os indivíduos" (FOUCAULT, 2006a, p. 96). Os desejos são produzidos nos sujeitos, no encontro com os sujeitos diferentes; e esses sujeitos, como indivíduos, são chamados a produzir a própria satisfação.

Eis o movimento de empresariamento dos sujeitos ou o estabelecimento do que Foucault chamou de *homo œconomicus*: "O homem de consumo é um produtor" – "produz sua própria satisfação" (2007, p. 265). Pelo menos, é chamado a fazê-lo...

É preciso, então, entender que tudo isso ocorre não porque existe um poder escondido manipulando o mundo, mas que o mundo se organiza no fluxo de diferentes práticas e racionalidades. Na racionalidade de mercado atual, as políticas inclusivas puderam ganhar espaço e desenvolver-se porque, de certa forma, corroboram com esse processo maior que não é, de forma alguma, unificado.

É nesse contexto que se quer exaltar cada indivíduo em sua diferença (num movimento de diversificação), borrando-se a diferença instituída entre os sujeitos ditos normais e aqueles com deficiência (num novo movimento de homogeneização). Isso como forma de apagamento de um julgamento de inferioridade e incompatibilidade com o fluxo da vida cotidiana, cada vez mais identificada, mapeada e governada pelas leis e ofertas para escolha e consumo, como nos auxilia a ver Rose: "[...] doravante, os projetos de governos das condutas haverão de operar num território marcado por vetores de identidade, de escolha, consumo e estilo de vida" (ROSE, 1996, p. 344).

O abrir-se da escola para aqueles que eram marginalizados por questões físicas ou político-econômicas é um acontecimento que é capturado na contemporaneidade em um panorama de controle muito refinado em seu alcance – movido por necessidades econômicas, por exemplo, que determinam as ações políticas –, em que não é mais produtivo que as pessoas com deficiência fiquem separadas ou enclausuradas.

Todos têm direitos iguais de circulação e de aprendizagem na escola regular: alunos com deficiência e sem ela. "Todos" é uma ilusão antiga com muitos significados – que continua sendo alimentada pelo viés da diversidade... Agora, todos podemos nos considerar iguais/normais sendo diferentes, diversos uns dos outros. Como cantou o puxador de samba da Escola Império Serrano do Rio de Janeiro no carnaval de 2007: *Ser diferente é normal!* Essa ideia vira samba-enredo, mobilizada pela tematização da inclusão realizada por uma novela exibida em rede nacional no horário considerado nobre – que impele o lançamento da Edição Especial "Inclusão" da Revista *Nova Escola* – e tem sua origem no *slogan* utilizado pela Organização Não Governamental *Instituto MetaSocial*, em campanha lançada em 2003. Relações, interligações, afetações. Somos tecidos por todos esses tipos de atravessamento.

Aprendemos a capturar partes da diferença entendendo-a como deficiência e como diversidade ao mobilizarmos nossas falas e realizarmos nossas práticas de inclusão nas escolas regulares. Governamos parte da diferença na sua relação com a inclusão. Eis uma dimensão da diferença que tem governabilidade. Saliento: governamos *parte* da diferença.

A intensidade ingovernável da diferença

Entendendo as realidades como constituídas como mistos de algo capturado e efetuado e de algo indeterminado e indeterminável, que ronda o efetuado e que mantém em aberto possibilidades de estranhamento e de novidade, aceito a provocação de pensar que

> [...] a diferença é – continuamente, variadamente, variacionalmente, diferentemente – bordejada, roçada, marginada, mas nunca representada, nomeada, definida, plenamente atingida. (TADEU, CORAZZA, ZORDAN, 2004, p. 141)

Tudo que é extenso, tudo aquilo que se manifesta – o que podemos ver e dizer, nomear, contar, classificar, hierarquizar, planejar – é governável. Tudo aquilo que passa a ter uma forma tem como característica a governabilidade. Ao ver, declarar, legislar, programar, estamos governando, estamos instituindo e conduzindo coisas, pensamentos, falas, práticas, sujeitos...

Toda realidade é um composto de possibilidade e de necessidade; de intensidade e de efetuação; de jorro e de captura; de fluidez e de enrijecimento. Se assim não fosse, não haveria movimento. Não haveria mudança. Nem criação. Nem esperança.

A diferença carrega em si a multiplicidade como força ativa e afirmativa, que é primeira. Existe nela algo para além daquilo que percebemos de imediato, uma força intensa, *diferenciante...*

> A diferença não é o diverso. *O diverso é dado. Mas a diferença é aquilo pelo qual o dado é dado.* [...] Todo fenômeno remete a uma desigualdade que o condiciona. Toda diversidade e toda mudança remetem a uma diferença que é sua razão suficiente. [...] A *intensidade é a forma da diferença como razão do sensível.* Toda intensidade é diferencial, diferença em si mesma. (DELEUZE, 1988, p. 355-356 – grifos meus)

É em relação (ou reação) a essa força que impelimos nossas estratégias de controle e de governo: fixamos, definimos, agrupamos, dizemos quem pode ou deve estar onde e quando... e fazendo o quê.... e de que modo... Fazemos tudo isso para nos organizar e seguir adiante. É um movimento necessário no cotidiano geral de nossa vida e indispensável também na escola.

Um grande perigo é nos acostumarmos só a isso, naturalizarmos esses processos como únicos possíveis, enquanto o possível engloba também uma névoa indeterminada que nos causa aflição e nos força a pensar, a sentir e a experimentar outras coisas, outros caminhos. Estamos acostumando-nos demais a pensar a diferença como diversidade na inclusão, iludidos de que ela possui uma só dimensão e que pode ser plenamente entendida e governada. Enquanto não resistimos a esse movimento de captura, fixamos nosso olhar, nossas falas e nossas práticas e perdemos as manifestações mais múltiplas e inesperadas da diferença, carregadas de outras possibilidades de vivência de aprendizado e de ensino.

A diferença tem dimensão intensa – e ingovernável. Entendida como intensidade afirmativa, a diferença é uma força capaz de se furtar ao controle. Ainda que sempre de novo tentemos dominá-la, rotulá-la. E conseguiremos fazê-lo... em parte. Conseguimos prender e apreender sempre somente mínimas partes da diferença. Ela tem muito mais a oferecer às nossas práticas educativas e às nossas experimentações de aprendizado.

É nesse sentido que precisamos sempre de novo tentar romper com as lógicas já estabelecidas e arraigadas em nosso contexto escolar para poder, quem sabe, ver, dizer, pensar com essa névoa indeterminada, desconhecida e estranha da *diferença intensa*, que nos interpela possibilitando que experimentemos algo com um sentido novo em educação, mais interessante e mais potente. Essa me parece ser a esperança mais lúcida de mudanças: micro, parciais. Essa é uma forma de nos reapossarmos das forças afirmativas envolvidas na educação, acreditando que é possível "suscitar acontecimentos, mesmo pequenos, que escapem ao controle, ou engendrar novos espaços-tempos, mesmo de superfície ou volume reduzidos" (DELEUZE, 1992, p. 218). Em educação, precisamos acreditar mais no jorro da diferença. Temos como desafio diário tornarmo-nos cada vez mais sensíveis às irrupções da diferença, às possibilidades trazidas por acontecimentos inesperados e por encontros com a intensidade da multiplicidade.

Referências

DECLARAÇÃO UNIVERSAL DOS DIREITOS HUMANOS. Disponível em: <http://wwww.mj.gov.br/ sedh/ct/legis_intern/ddh_bib_inter_universal.htm>. Acesso em: 4 jun. 2008.

DECLARAÇÃO DE SALAMANCA. Disponível em: <http://portal.mec.gov.br/seesp/arquivos/pdf/salaman-ca.pdf>. Acesso em: 18 maio 2008.

DECLARAÇÃO MUNDIAL SOBRE EDUCAÇÃO PARA TODOS. Disponível em: <http://www.unesco. org.br/publicacoes/copy_of_pdf/decjomtien>. Acesso em: 18 maio 2008.

DELEUZE, Gilles. *Diferença e repetição*. Trad. de Luiz Orlandi e Roberto Machado. Rio de Janeiro: Graal, 1988 [1968].

DELEUZE, Gilles. *Conversações, 1972 – 1990*. Trad. de Peter Pál Pelbart. Rio de Janeiro: Ed. 34, 1992 [1990]. (Coleção TRANS).

DELEUZE, Gilles. A filosofia. In: DELEUZE, Gilles. *Nietzsche*. Lisboa: Ed. 70, 1994 [1965]. (p. 17-34).

FOUCAULT, Michel. *Nacimiento de la biopolítica: curso en el Collège de France (1978-1979)*. Trad. de Horacio Pons. Buenos Aires: Fondo de Cultura Económica, 2007.

FOUCAULT, Michel. *Seguridad, territorio, población: curso en el Collège de France (1977-1978)*. Trad. de Horacio Pons. Buenos Aires: Fondo de Cultura Económica, 2006a.

FOUCAULT, Michel. *Microfísica do poder*. 22. ed. Trad. de Roberto Machado. Rio de Janeiro: Ed. Graal, 2006b.

FOUCAULT, Michel. Mesa-redonda em 20 de maio de 1978. [1980]. In: MOTTA, Manoel Barros (Org.). *Estratégia, poder-saber*. Rio de Janeiro: Forense-Universitária, 2003. (Coleção Ditos e Escritos, IV). (p. 333-351).

FOUCAULT, Michel. *Os anormais: curso no Collège de France (1974-1975)*. Trad. de Eduardo Brandão. São Paulo: Martins Fontes, 2002.

FOUCAULT, Michel. *Tecnologias del yo: y otros textos afines*. Barcelona: Piadós, 1996.

LDBEN – Lei 9.394 de 1996. <http://portal.mec.gov.br/seesp/arquivos/pdf/lei9394_ ldbn1.pdf> Acesso em 18 de maio de 2008.

NOVA ESCOLA, São Paulo, Ano XIV, n. 123, jun. 1999.

NOVA ESCOLA, São Paulo, Ano XVIII, n. 165, set. 2003.

NOVA ESCOLA, São Paulo, Ano XX, n. 182, maio 2005.

NOVA ESCOLA, São Paulo, Ano XXI, Edição Especial n. 11, out. 2006.

ROSE, Nicolas. The death of the social? Re-figuring the territory of government. *Economy and Society*. London: Routledge, v. 25, n. 3, p. 327-336, ago. 1996.

TADEU, Tomaz; CORAZZA, Sandra; ZORDAN, Paola. *Linhas de escrita*. Belo Horizonte: Autêntica, 2004.

VEIGA-NETO, Alfredo. Coisas do governo... In: RAGO, Margareth; ORLANDI, Luiz B. L.; VEIGA-NETO, Alfredo. *Imagens de Foucault e Deleuze: ressonâncias nietzschianas*. 2. ed. Rio de Janeiro: DP&A, 2005.

VEIGA-NETO, Alfredo; LOPES, Maura Corcini. Inclusão e governamentalidade. *Educação & Sociedade*. Campinas. v. 28, n. 100, p. 947-963, out/jan. 2007.

A língua de sinais na escola inclusiva:
estratégias de normalização da comunidade surda

Betina S. Guedes

> A Língua Brasileira de Sinais – Libras, graças à luta sistemática e persistente das pessoas com deficiência auditiva, foi reconhecida pela Nação brasileira como a Língua Oficial da Pessoa Surda, com a publicação da Lei nº 10.436, de 24-4-2002, e a Lei 1 nº 0.098, de 19-12-2002.
> A conquista deste direito traz impactos significativos na vida social e política da Nação brasileira. O provimento das condições básicas e fundamentais de acesso a Libras se faz indispensável. Requer o seu ensino, a formação de instrutores e intérpretes, a presença de intérpretes nos locais públicos e a sua inserção nas políticas de saúde, educação, trabalho, esporte e lazer, turismo e finalmente o uso da Libras pelos meios de comunicação e nas relações cotidianas entre pessoas surdas e não-surdas. ("Língua Brasileira de Sinais: uma Conquista Histórica", documento elaborado pelo Senado Federal – Senador Eduardo Azeredo em 2006)

Nas últimas décadas a comunidade surda veio construindo um percurso de reivindicações e conquistas na luta pelo seu reconhecimento político e cultural. Grande parte das mobilizações da militância surda se deu em função da oficialização da Língua Brasileira de Sinais (LIBRAS) que foi consolidada com a disposição da Lei nº 10.436, de 24-4-2002 (regulamentada pelo Decreto nº 5.626 de 22-12-2005), e da Lei nº 10.098, de 19-12-2002, referenciadas em seus conteúdos na epígrafe. Com base nesse movimento político-lingüístico a comunidade surda foi adquirindo maior visibilidade, passando a reivindicar, entre outras questões, melhores condições de ensino, procurando redefinir trajetórias na educação dos surdos, agora subsidiada por garantias legais.

No Rio Grande do Sul, esse movimento teve seu ápice em meados da década de 1990, ao somar a militância e a produção teórica dos Estudos Surdos ao surgimento do Nuppes (Núcleo de Pesquisa em Políticas de Educação para Surdos). O Nuppes constituiu-se vinculado à Universidade Federal do Rio Grande do Sul e funcionou "como um centro tanto produtor e irradiador de conhecimentos e formador de especialistas no campo dos Estudos Surdos quanto catalizador de ações políticas em prol dos direitos dos surdos" (LOPES, 2007, p. 31). Os Estudos Surdos, balizados por uma perspectiva surda, colocaram foco na necessidade de se repensarem as políticas de educação e os currículos das escolas de surdos, defendendo que esses currículos deveriam contemplar e possibilitar a "construção da história surda, e não da história da surdez" (LOPES, 2007, p. 29).

Podem-se apontar importantes conquistas no campo da Educação ocorridas na década de 1990, tais como: a oficialização da Língua Brasileira de Sinais, o fortalecimento da comunidade surda, a oferta de cursos de formação de professores, de instrutores e de intérpretes, o aumento da produção de pesquisas na área da educação de surdos, a implantação da Libras na educação de surdos e a revisão do currículo das escolas.

Todo um movimento político foi posto em funcionamento em prol da divulgação e da oficialização da Libras, partindo-se do entendimento de que essa conquista embasaria a discussão e a elaboração de políticas educacionais que atendessem às especificidades linguísticas e culturais das pessoas surdas. Com base nas perspectivas atuais de educação de surdos, que visam à sua inclusão no ensino regular, provoco o leitor a observar que estamos diante de uma situação, no mínimo, ambígua, já que estamos assistindo a uma inversão de sentidos provocada pela contemplação das reivindicações da comunidade surda.

"Os surdos, que reivindicaram espaços específicos em que os profissionais soubessem a língua de sinais para que pudessem se comunicar com os alunos, estão sendo hoje tomados pela própria invenção" (LOPES, 2007, p. 81-2). Isso porque, ao fim e ao cabo, criaram as condições entendidas como suficientes para que sejam incluídos na escola regular. Enfatizando o apagamento da diferença surda nos processos inclusivos, Lopes (2007, p. 93) lança a seguinte provocação: "como estão se constituindo novas estratégias de dominação e de normalização surda a partir das políticas de inclusão e a partir das políticas de divulgação da Libras?".

Com base nesse questionamento e nas políticas de oficialização da Libras, pretendo discutir neste texto as estratégias de normalização em relação à comunidade surda postas em funcionamento pelas políticas de inclusão, tendo como base a oficialização da Língua Brasileira de Sinais.

A oficialização da Libras e a inclusão escolar

Para iniciar esta sessão, destaco alguns elementos da Lei nº 10.436, de 24-04-2002, que dispõe sobre a Língua Brasileira de Sinais, para embasar a discussão que segue. A Lei reconhece a Libras como meio legal de comunicação e expressão, caracterizada como um sistema linguístico de natureza visual-motora, com estrutura gramatical própria, oriundo de comunidades de pessoas surdas do Brasil; garante formas institucionalizadas de apoiar o uso e a difusão da Libras como meio de comunicação objetiva; garante atendimento e tratamento adequado de saúde aos portadores de deficiência auditiva; garante a inclusão do ensino da Libras nos cursos de formação de Educação Especial, de Fonoaudiologia e de Magistério; e, por último, destaca que a Libras não poderá substituir a modalidade escrita da Língua Portuguesa.

No Decreto n. 5.626, de 22-12-05, que regulamenta a Lei n. 10.436, de 24-04-2002, destaco o Capítulo IV – Do uso e da difusão da Libras e da Língua Portuguesa para o acesso das pessoas surdas à educação, que determina que as instituições federais devem garantir, obrigatoriamente, o acesso à comunicação, à informação e à educação às pessoas surdas nas atividades e conteúdos curriculares desenvolvidos em todos os níveis e modalidades de educação. Para garantir o atendimento especializado previsto, as instituições federais de ensino devem, além de promover a divulgação da Libras, disponibilizar intérpretes e entender a Língua Portuguesa como segunda língua para os surdos, devendo assegurar o atendimento às necessidades educacionais especiais dos alunos surdos, desde a educação infantil, nas salas de aula e também em salas de recursos, em turno contrário ao da escolarização.

Há, nesses documentos, a constituição de uma narrativa que diz da Libras e dos surdos baseada em uma construção discursiva que continua localizando a surdez na esfera da deficiência auditiva e no contraponto com a Língua Portuguesa. Destacam-se suas peculiaridades linguísticas e impõe-se a promoção do seu ensino, mas sem perder de vista o viés do discurso clínico-terapêutico ao garantir atendimento e tratamento adequado de saúde aos portadores de deficiência auditiva e atendimento às necessidades educacionais especiais dos alunos surdos. Apesar de haver, em algumas passagens desses documentos, tentativas de diferenciar a surdez da deficiência auditiva, propondo outros lugares a partir dos quais os surdos podem ser lidos, percebo que esses deslocamentos acabam convergindo, invariavelmente, para o viés das necessidades especiais. Mantém-se também certo vínculo de dependência e subordinação entre a Libras e o Português, visto que a lei destaca que a Libras não poderá substituir a modalidade escrita da Língua Portuguesa.

Ainda de acordo com a Lei n° 10.436, de 24-04-2002, a Libras passou a fazer parte dos currículos de formação da Pedagogia, das Licenciaturas e da Fonoaudiologia. Diante disso, cabe salientar os efeitos dessa questionável conquista, já que capacitar minimamente esses profissionais que estarão diretamente envolvidos com a educação dos surdos não será suficiente. Os reducionismos em relação à comunidade surda, sua história, sua cultura e sua língua serão mantidos (e/ou reforçados), e "[...] parece que esse mínimo está tomando proporções maiores e fora de nossos controles" (LOPES, 2007, p. 82). Se a escola regular, subsidiada por profissionais "capacitados", estiver agora apta a lidar com a diferença surda (reduzida nesse contexto à Língua de Sinais), não haverá por que continuarem existindo as escolas especiais, e reivindicar a manutenção desses espaços parece não ser mais concebível. Vê-se toda uma reivindicação política em prol dos direitos dos surdos sendo ironicamente solapada pela oficialização da Libras. Vê-se uma suposta conquista sendo transformada em armadilha para a própria comunidade.

Pois é exatamente na Língua de Sinais, elemento cultural que tem mobilizado a militância surda pelo reconhecimento da sua diferença, que as políticas de inclusão atualmente se balizam para deslocar os estudantes surdos para o ensino regular. Com um apelo midiático que se baseia na celebração da suposta deficiência, o governo federal promulga a naturalização da Língua de Sinais, reduzida a uma questão de garantia de acessibilidade, de acordo com a Lei n. 10.098, de 19-12-2000.

> Art. 17. O Poder Público promoverá a eliminação de barreiras na comunicação e estabelecerá mecanismos e alternativas técnicas que tornem acessíveis os sistemas de comunicação e sinalização às pessoas portadoras de deficiência sensorial e com dificuldade de comunicação, para garantir-lhes o direito de acesso à informação, à comunicação, ao trabalho, à educação, ao transporte, à cultura, ao esporte e ao lazer.
>
> Art. 18. O Poder Público implementará a formação de profissionais intérpretes de escrita em braile, linguagem de sinais e de guias-intérpretes, para facilitar qualquer tipo de comunicação direta à pessoa portadora de deficiência sensorial e com dificuldade de comunicação.

De acordo com essa lei de acessibilidade, "eliminando-se" as barreiras da comunicação e estabelecendo-se mecanismos que a viabilizem, o acesso à educação estaria garantido para os surdos. Ao operar-se esse reducionismo da Libras a uma alternativa técnica, concomitantemente, opera-se a redução da cultura surda ao uso artificializado da língua de sua comunidade na escola. Vê-se, nesse contexto, a Libras sendo usada como estratégia de apagamento e normalização da comunidade surda. Observa-se toda a heterogeneidade cultural surda sendo reduzida a uma língua de tradução, que na escola vem a possibilitar o acesso à Língua Portuguesa e aos demais conteúdos. Constituindo outras formas de ouvintismo,[1] agora ancoradas na oficialização e no reconhecimento "instrumental" da Língua de Sinais, a ser usada como facilitador do aprendizado na escola inclusiva, o Estado pode estar operando gradativa diluição da cultura surda.

Esse reducionismo, por si só, faz emergir questões não contempladas pelos processos sociais, culturais e políticos que circulam nas relações de poder postas no espaço escolar inclusivo. Daí advêm minhas inquietações em relação à estabilidade que a mídia sugere e divulga em relação a Libras, amparada por programas governamentais, como se a inclusão escolar de sujeitos surdos tivesse passado a constituir um campo igualitário, homogêneo e acolhedor pela "aceitação" da Língua de Sinais.

Sustentar essa estabilidade pode levar ao equívoco de se supor que há um perfil de aluno surdo com o qual todos os surdos invariavelmente se deveriam identificar, que há uma forma de ensiná-los muito semelhante à dos ouvintes, desde que os professores se comuniquem através da Libras. Não se

---

[1] De acordo com Carlos Skliar, o termo "ouvintismo" refere-se a "[...] um conjunto de representações dos ouvintes, a partir do qual o surdo está obrigado a olhar-se e a narrar-se como se fosse ouvinte. Além disso, é nesse olhar-se, e nesse narrar-se que acontecem as percepções do ser deficiente, do não ser ouvinte; percepções que legitimam as práticas terapêuticas habituais" (SKLIAR, 1998, p. 15).

questiona a efetividade dessa comunicação ou as possibilidades de aprendizado em uma aula "pseudobilíngue". Pseudobilíngue porque, se a presença do intérprete não for realmente garantida em todos os momentos pedagógicos, não haverá duas línguas na relação, e sim uma língua subjugada a outra, em uma intenção comunicativa com base no Português sinalizado. Pseudobilíngue por utilizar a Libras como um instrumento facilitador, por não dar à Libras o status de primeira língua na educação dos surdos, por subordiná-la ao aprendizado do Português, resultando, de acordo com Skliar (1999, p. 9), na burocratização da Língua de Sinais dentro do espaço escolar. Dessa forma, a Libras é incluída nos projetos institucionais como "[...] experiência controlada, com prescrições de horários, atividades formais, sequências preestabelecidas, modelos linguísticos e humanos estereotipados, etc.".

Passa-se de um processo histórico que alojou a surdez na deficiência auditiva para outro tipo de processo, que está reduzindo a diferença surda ao principal elemento que dá visibilidade à sua cultura: a Língua de Sinais. Essa redução parece estar produzindo um consequente enfraquecimento político da comunidade surda, dissolvendo uma bandeira de luta em manobras políticas de aceitação das diferenças, utilizando a língua como estratégia de normalização do sujeito surdo e fortalecendo a escola como maquinaria capaz de homogeneizar e ordenar a pluralidade.

Essencializa-se a surdez com base na língua, ou seja, transforma-se a Libras em uma espécie de essência surda (antes alojada na deficiência auditiva), em detrimento de todos os outros elementos culturais que constituem a cultura e a comunidade surda. Operando-se essa essencialização linguística, que supostamente reflete um deslocamento em relação à histórica essencialização da surdez nas tramas da deficiência auditiva, mascara-se a nova forma de homogeneização à qual os surdos podem estar sendo submetidos, ainda que de forma um tanto sutil. Todo um movimento político está sendo reduzido à aceitação e à divulgação da Libras, não como uma língua oficial do País, assim como o Português, mas como uma estratégia de inclusão e de controle social. Apenas deslocou-se a surdez, tida como deficiência auditiva, para uma surdez marcada pela sua singularidade linguística – não como um elemento cultural referente a uma cultura específica, mas como uma característica renovada da deficiência auditiva. Isso como se os surdos não dependessem mais de próteses auditivas para se desenvolverem de acordo com os padrões ouvintes, mas de uma língua que, apesar de oficializada, tem tido seu uso instrumentalizado, "sendo utilizada mais como uma língua de tradução de conteúdos oficiais do que uma língua que produza significados, que produza e transmita cultura" (LEBEDEFF, 2004, p. 130).

A oficialização da Libras e sua promoção na escola podem estar produzindo novas roupagens ao ouvintismo, que agora parece estar se articulando de outras formas ao legitimar a comunidade, a cultura surda e a Língua de Sinais. Desarticulando-se a imposição de tratamentos fonoaudiológicos perpétuos aos surdos, com a finalidade de adquirirem uma língua morta, e apropriando-se dos elementos que caracterizam sua diferença cultural, põem-se em funcionamento novos/outros mecanismos de normalização, tomando-se como estratégia de articulação a própria Língua de Sinais.

Normalização e controle do risco

> Ao fazer de um desconhecido um conhecido anormal, a norma faz desse anormal mais um caso seu. (VEIGA-NETO, 2001, p. 8)

Independentemente de critérios de seleção, a norma faz de cada indivíduo um caso seu. Invariavelmente, faz com que todos estejam alojados em seu território. Tanto o normal quanto o anormal encontram-se no espaço da norma, porém cada um ocupa determinado lugar em relação à zona de normalidade. A norma constitui um jogo de relações articulado pelas engrenagens do poder disciplinar, que, ao colocar em funcionamento práticas de normalização, determina os limites e as possibilidades de aproximação de cada um em relação a uma suposta medida comum.

> A possibilidade de pensar o corpo como objeto e alvo de um poder que se exerce através de mecanismos disciplinares permite-me trazer a ideia de normalização. No entanto, trata-se de uma normalização assentada sobre um saber clínico. (LUNARDI, 2003, p. 101)

E é com base em saberes clínicos que a inclusão põe em funcionamento tecnologias de normalização na escola. Incluir e normalizar articulam-se, colocando em operação aparatos para analisar, classificar, avaliar e determinar lugares (LUNARDI, 2003), desempenhando papel fundamental em relação às estratégias de controle dos ditos deficientes no corpo social.

Na história dos surdos, os processos de normalização assentados em discursos clínico-terapêuticos incumbiram-se de tratar e reduzir as marcas da deficiência auditiva, impondo padrões linguísticos e de aprendizagem baseados em um referencial ouvinte. Em épocas atuais, em virtude de toda a mobilização político-cultural surda, localizada em um momento de transição em que a disciplina e a seguridade produzem interlocuções e estratégias de controle, os processos modernos de normalização já não produzem os mesmos efeitos.

De acordo com Saraiva (2006), é possível diferenciar a norma moderna da norma contemporânea. A norma moderna pode ser descrita como preestabelecida, aparentemente estática, e prevê a normalização como resultado, como fim. Já a norma contemporânea é estabelecida a partir de médias, é flutuante, de validade instável, produzindo a normalização como processo. Perante isso, pode-se pensar que, por não corresponderem a uma suposta normalidade, os surdos estarão submetidos a estratégias permanentes de normalização, entendidas, então, como processo.

Como toda relação de poder envolve resistência, os surdos fizeram da comunidade uma possibilidade de reação aos processos de normalização, o que só com as mobilizações políticas das últimas décadas ganhou visibilidade, tornando-se alvo de outras estratégias de poder, para poder ser calculável em relação ao risco social que poderia representar. Pela nova lógica do Estado governamentalizado, é preciso tornar tudo previsível; para tanto, tudo o que representa perigo precisa ser tornado quantificável, precisa ser colocado na estatística, precisa ser pormenorizado, esquadrinhado, tornando o risco calculável, estrategicamente previsível.

A alegação de que a sociedade precisa aceitar as diferenças e aprender a conviver com elas desarticula a necessidade de mobilização política pela afirmação da diferença. Ao tornar-se calculável, previsível, a diferença não representa mais uma ameaça à coletividade, e quanto mais ela for dissolvida, com base em uma medida comum, mais governável ela se tornará.

Vejo atualmente, com a oficialização e a celebração da Libras, estratégias de normalização em funcionamento quando se aceita a diferença surda, entendida nesse contexto como diversidade, e quando se colocam todos em um mesmo espaço físico. No decorrer da história surda, foi preciso lutar para obter reconhecimento político e cultural, para marcar e manter esse lugar, demarcar fronteiras, garantir e produzir outras formas de ser surdo. Agora, as políticas oficiais estão operando um progressivo apagamento dessas fronteiras, pois, de acordo com a lógica inclusiva, não há mais razões para afirmar a diferença – ela é supostamente aceita da forma como se apresenta.

Nessa rede discursiva, a causa política dos surdos está sendo pouco a pouco enfraquecida. As fronteiras erguidas com radicalismo há alguns anos estão sendo dissolvidas e ressignificadas, prevendo-se que todos agora devem estar incluídos em uma mesma lógica social. Trata-se de uma lógica que calcula minuciosamente o risco que os diferentes da normalidade representam, para prever e pôr em prática estratégias cada vez mais sofisticadas de controle e disciplina da população, práticas que obrigatoriamente devem englobar a todos. As fronteiras estão sendo redefinidas, passando a ser cada vez mais móveis, fluídas e líquidas, não remetendo ao estabelecimento de um lugar seguro e definitivo. As tentativas de se estabelecerem fronteiras estão sendo enfraquecidas pela impossibilidade de se constituir uma comunidade como um lugar que protege e tranquiliza seus membros, como um lugar de chegada, uma vez que a comunidade, mesmo se alcançada, sempre permanecerá frágil e vulnerável, precisando de vigilância, reforço e defesa contínuos (BAUMAN, 2003).

Pensar em redefinição de fronteiras ajuda a olhar para o enfraquecimento político da comunidade surda que sugiro neste texto. Refiro-me a um enfraquecimento político ou a uma desarticulação dessa comunidade em relação à forma como vinha se constituindo e funcionando até então. Mas esse entendimento não remete a um fim; há outros elos que podem mobilizar a comunidade novamente, em outros movimentos, por outras causas, de outras formas. A comunidade surda sempre remeteu a um possível "porto seguro", um lugar para estar entre os seus, um lugar de identificação e de luta por uma causa comum. E é essa comunidade, entendida como pronta, pedagogizada pelo vínculo fundante com a escola e mantida pela devoção permanente dos seus integrantes, que está sendo desarticulada e enfraquecida pelas estratégias de poder postas em funcionamento pela inclusão escolar.

Considerando-se que uma das funções da escola é promover o controle social, a inclusão vem a funcionar como uma tática desse controle ao ser divulgada como algo produtivo e necessário. Necessário para produzir sujeitos úteis, produtivos (no sentido econômico), capazes de se autogovernar. Necessário para ordenar, fixar, controlar e melhor governar. Partindo-se da premissa de que, para governar mais, é preciso governar menos (VEIGA-NETO; LOPES, 2007), faz-se necessário tornar cada caso um caso individual, um caso da norma. É preciso aceitar as minorias, exaltar a diversidade e incluir todos em um mesmo espaço disciplinar e de controle: a escola.

É com base nesse princípio de colocar todos "sob o mesmo teto" que o Estado põe em funcionamento as políticas de inclusão de modo material, isso porque "elas só se realizarão plenamente se e quando todos os corpos – pensados como normais e anormais – forem colocados juntos, num mesmo espaço" (VEIGA-NETO; LOPES, 2007, p. 8).

> Afinal, se aquilo que está em jogo é executar o melhor – mais efetivo, mais econômico, mais permanente – governamento da população, então é preciso, antes de mais nada, promover o maior ordenamento possível dos elementos que a compõem. Tal ordenamento, na lógica das políticas de inclusão, funda-se no direito à igualdade, aqui entendida como mesmas garantias de acesso e permanência para todos. O ordenamento dá-se por operações de aproximação, comparação, classificação e atendimento das especificidades (VEIGA-NETO; LOPES, 2007, p. 8).

Aproximar, comparar, classificar e atender às especificidades. Com base nesses elementos, que definem a abrangência do ordenamento, penso ser possível estabelecer correlações com o que venho discutindo neste texto. Entendendo-se que a inclusão e a exclusão fazem parte de um mesmo processo que acontece no âmbito da norma, as estratégias de normalização às quais os surdos vêm sendo submetidos passam a configurar algo naturalmente necessário para promover maior ordenamento e, consequentemente, corroborar a efetividade e a abrangência do governamento da população, estando em comunidade ou não. Faço essa ressalva porque, ao sugerir que a comunidade surda está sendo enfraquecida pelos processos inclusivos, não estou afirmando que, em razão disso, os surdos estejam agora mais suscetíveis às estratégias de controle e normalização. Estando em comunidade ou não, os surdos sempre estiveram sujeitos a essas estratégias de poder, que atualmente estão se articulando de forma cada vez mais minuciosa, efetiva e econômica, aproximando, comparando, incluindo, promovendo o maior ordenamento possível, abrangendo a todos em uma categoria irrestrita denominada "população".

Algumas considerações

Oficializar a Libras, incluí-la na escola regular e nos cursos de formação de alguns profissionais não faz com que a surdez e os surdos sejam deslocados dos discursos e das representações que historicamente os atrelaram à deficiência. Isso sugere apenas um rápido deslocamento de olhares, e o possível reconhecimento cultural permanece embasado nas mesmas concepções terapêutico-reabilitadoras de antigamente. Ao que tudo indica, a Libras é tida hoje na escola inclusiva como um meio facilitador de aprendizagem, como forma de interação com esses alunos "diferentes" que literalmente não falam a língua dominante.

Sem se repensar o currículo, sem que se modifiquem as concepções de deficiência que ainda estão atreladas à surdez, sem que a presença do intérprete seja constante nos espaços pedagógicos, creio que a inclusão dos surdos esteja configurando mais uma utopia pedagógica. Olhando por outro viés, creio que a inclusão dos surdos esteja configurando uma poderosa estratégia de controle social.

Arrisco-me a afirmar que a inclusão da Libras e dos surdos na escola regular está sendo posta no mesmo âmbito das adequações arquitetônicas para os deficientes físicos, do braile para os deficientes visuais ou de qualquer medida pedagógica de cunho adaptativo para os deficientes mentais. De acordo com essa lógica, veem-se os surdos sendo recolocados em lugares simbólicos que dizem da sua deficiência, submetidos a estratégias de normalização cada vez mais minuciosas, o que os torna cada vez mais produtivos, governáveis e autogovernáveis.

Creio que não seja essa a intenção dos surdos ao reivindicarem o reconhecimento da sua língua e de sua cultura. Creio que a inclusão na escola regular também não estivesse na pauta das suas agendas políticas. Perante isso, ressalto que é de extrema importância problematizar as relações que estão sendo estabelecidas com base nas políticas atuais que se referem à Libras e à educação dos surdos.

Saliento que a concepção de surdez atrelada à deficiência perpassa não só a escola inclusiva, como também (e fundamentalmente) a escola especial. Atravessada por uma perspectiva pedagógica clínico-terapêutica, a escola especial foi consolidando, ao longo de sua história, uma proposta clínica de atendimento aos alunos surdos para além dos objetivos pedagógicos (KLEIN, 1999).

Penso que se faz necessário enfocar essa relação, pois, ao problematizarmos as concepções médicas que subjazem a surdez na escola, acabamos deslocando o olhar da escola especial como se esta fosse constituída por outros discursos, como se suas concepções de surdo/surdez e de aprendizagem fossem necessariamente divergentes em relação à escola inclusiva por possibilitar a aproximação surda e por aparentemente favorecer a identificação cultural e linguística. Diante disso, creio que cabe aos surdos a escolha de transitar em determinados espaços ou não, já que acreditar em um contexto escolar livre de estratégias de controle e de normalização seria, no mínimo, uma concepção ingênua. Cabe aos surdos provocar deslocamentos nesses lugares políticos que os vincularam às áreas médicas e colocar na balança os benefícios e as garantias legais atrelados ao ser deficiente e às possibilidades de se firmar como um grupo cultural específico, não mais dependente das políticas da saúde.

Como argumentei no decorrer do texto, estar em um espaço que não favorece a identificação cultural, entendida como algo que se estabelece prioritariamente na relação do surdo com seus pares, pode vir a caracterizar um enfraquecimento progressivo da comunidade surda como a conhecemos. Isso não significa que a comunidade virá a desaparecer se a inclusão dos surdos for efetivamente realizada. Refiro-me à possibilidade de ocorrerem reconfigurações do que hoje se entende por comunidade. Tal como sugere Bauman (2003), atualmente a comunidade deve ser pensada nos limites da própria impossibilidade, como algo em fluxo constante em que escolhas e compromissos não são irrevogáveis – tudo é tido como transitório, sendo até mesmo a possibilidade de constituir uma comunidade algo questionável.

Acredito que, após décadas de luta política e de diversas conquistas importantes no campo da educação, destacando-se a oficialização da Libras, é preciso neste momento constituir outras possibilidades de significação, outras possibilidades de ser surdo e de viver a experiência visual. Não tenho a intenção de julgar a abrangência das conquistas surdas até os tempos atuais; pretendo apenas marcar o fato de que toda essa movimentação continua se dando assentada sobre o mesmo solo discursivo de tempos atrás. Solo que abrange diversos discursos e é constituído por essa interdiscursividade, transitando entre discursos clínico-patológicos, pedagógicos, psicológicos, linguísticos, religiosos, estatísticos, entre outros (THOMA, 2006). Todo esse entrecruzamento discursivo dissemina efeitos, produz representações em relação aos surdos e à surdez, à sua capacidade de desenvolvimento mental e linguístico, à sua capacidade de inserção social, de aprendizado, de comunicação efetiva, produzindo as lentes a partir das quais os surdos serão vistos na escola, na família e na sociedade. Lopes (2007, p. 88) escreve que:

> Não há uma forma única de ser surdo, e não há uma essência acima de qualquer atravessamento cultural;

há, sim, representações, códigos, sentimentos compartilhados por um grupo de pessoas, todos forjados nas experiências vivenciadas por sujeitos surdos diferentes e em espaços distintos.

Não há uma única forma de ser surdo, não há uma única identidade que dê conta de toda a diferença surda de forma homogênea. Sendo assim, não é compreensível que os surdos continuem sendo vistos a partir de lentes que os determinam e cristalizam na deficiência auditiva. Mais do que leis, escolas especiais ou inclusivas, é necessário que se façam circular outros discursos em relação aos surdos e à surdez. Isso para que outras lentes possam ser produzidas, e os surdos possam ser vistos de outros lugares, muito mais amplos do que uma determinação linguística e muito mais indetermináveis se pensados como vivências forjadas na experiência.

Para finalizar, lanço uma provocação... Há algum tempo, surdos, militantes da causa surda e pesquisadores vêm produzindo deslocamentos políticos em relação à comunidade e à cultura surda na intenção de desvincular a surdez dos campos discursivos das áreas da saúde, constituindo outras significações para os surdos e para a surdez. Penso que é chegado o momento de os próprios surdos se posicionarem ou não nos espaços que ocupam ou que pretendem vir a ocupar, sejam eles especiais, sejam eles inclusivos. Penso que a continuidade das nossas reflexões depende de certos posicionamentos discursivos, sociais e políticos. Eram essas as reflexões que gostaria de fazer neste texto para que continuem sendo pensadas em outros espaços e em outros contextos.

Referências

BAUMAN, Zygmunt. *Comunidade: a busca por segurança no mundo atual*. Rio de Janeiro: Jorge Zahar Ed., 2003.
KLEIN, Madalena. *A formação do surdo trabalhador: discursos sobre a surdez, a educação e o trabalho*. Porto Alegre: UFRGS/PPGEDU,

1999. Dissertação (Mestrado em Educação) – Programa de Pós-Graduação em Educação, Universidade Federal do Rio Grande do Sul, Porto Alegre, 1999.

LEBEDEFF, Tatiana Bolivar. Práticas de letramento na pré-escola de surdos: reflexões sobre a importância de contar histórias In: THOMA, Adriana da Silva; LOPES, Maura Corcini (Org.). *A invenção da surdez: cultura, alteridade, identidade e diferença no campo da educação.* Santa Cruz do Sul: EDUNISC, 2004.

LOPES, Maura Corcini. *Surdez e educação.* Belo Horizonte: Autêntica, 2007.

LUNARDI, Márcia Lise. *A produção da anormalidade surda nos discursos da educação especial.* Porto Alegre: UFRGS/PPGEDU, 2003. Dissertação (Doutorado em Educação) – Programa de Pós-Graduação em Educação, Universidade Federal do Rio Grande do Sul. Porto Alegre, 2003.

SARAIVA, Karla. *Síntese elaborada sobre a aula de 25 de janeiro de 1978 do livro Foucault, Michel. Seguridad, território, población: Curso en el Collége de France: 1977-1978.* Buenos Aires: Fondo de Cultura Económica, 2006.

SKLIAR, Carlos. Um olhar sobre o nosso olhar acerca da surdez e das diferenças In: SKLIAR, Carlos (Org.). *A surdez: um olhar sobre as diferenças.* Porto Alegre: Mediação, 1998.

SKLIAR, Carlos. A localização política da educação bilíngue para surdos. In: SKLIAR, Carlos (Org.). *Atualidade da educação bilíngue para surdos.* Porto Alegre: Mediação, 1999.

THOMA, Adriana da Silva. Educação dos surdos: dos espaços e tempos de reclusão aos espaços e tempos inclusivos. In: THOMA, Adriana da Silva; LOPES, Maura Corcini. *A invenção da surdez II: espaços e tempos de aprendizagem na educação de surdos.* Santa Cruz do Sul: EDUNISC, 2006, p. 9-25.

VEIGA-NETO, Alfredo; LOPES, Maura Corcini. Inclusão e governamentalidade. In: *Educação e Sociedade*, v. 28, n. 100, out. 2007. Versão impressa.

VEIGA-NETO, Alfredo. Incluir para excluir. In: LARROSA, Jorge; SKLIAR, Carlos (Orgs.). *Habitantes de Babel: políticas e poéticas da diferença.* Belo Horizonte: Autêntica, 2001, p. 105-118.

A produção do aluno nos pareceres descritivos:
mecanismos de normalização em ação[1]

Elí Henn Fabris

> Segunda metade do século XVIII: o soldado tornou-se algo que se fabrica: de uma massa informe de um corpo inapto, fez-se a máquina de que se precisa; corrigiram-se aos poucos as posturas; lentamente uma coação calculada percorre cada parte do corpo, se assenhoreia dele, dobra o conjunto, torna-o perpetuamente disponível, e se prolonga, em silêncio, no automatismo dos hábitos; em resumo, foi expulso o camponês e lhe foi dada a fisionomia de soldado. (FOUCAULT, 1987, p. 117)

Inicio este texto rememorando uma parte do livro *Vigiar e punir* em que o filósofo Foucault (1987) nos ajuda a entender a constituição de um soldado. Se substituirmos, nesse mesmo texto, o substantivo "soldado", por "escolar" ou "aluno", teremos descrito o processo de produção de um sujeito escolar, por meio de dispositivos disciplinares.

Meu objetivo neste texto é analisar esses instrumentos de avaliação chamados de pareceres descritivos, usados no currículo escolar de forma intensa e hegemônica na contemporaneidade, buscando olhar para os sujeitos pedagógicos produzidos por esses registros. Os pareceres são justificados como um processo mais democrático, mais significativo e menos autoritário e repressivo do que os instrumentos utilizados em processos de avaliação considerados mais tradicionais.

Não é minha intenção advogar sobre as qualidades e ou deficiências dos pareceres descritivos, mas tomá-los como

---
[1] Esse texto foi apresentado no XIV Encontro de Didática e Prática de Ensino, em abril de 2008.

mecanismos poderosos de subjetivação dos escolares, como instrumentos que agem como potentes "tecnologias do eu", que são entendidas como um conjunto de tecnologias

> [...] que permitem que os indivíduos efetuem, por conta própria ou com a ajuda de outros, certo número de operações sobre seu corpo e sua alma, pensamentos, conduta ou qualquer forma de ser, obtendo, assim, uma transformação de si mesmos, com o fim de alcançar certo estado de felicidade, pureza, sabedoria ou imortalidade. (FOUCAULT apud VEIGA-NETO, 2003, p. 100)

Essas tecnologias no exercício de comparar, diferenciar, hierarquizar, homogeneizar e excluir, colocam em jogo processos normalizadores que subjetivam e produzem sujeitos. Minha hipótese é que na contemporaneidade tais processos sejam potencializados por outras relações de poder, em que a disciplina permanece importante, e talvez até mais potente, porque age de forma mais sutil, mas alia-se a outros mecanismos de sujeição, próprios de uma sociedade que se desloca da ênfase na disciplina para a ênfase no controle.

Uma sociedade organizada pelo controle vai colocar em execução outros jogos de poder, focados na seguridade, agindo por meio da vigilância e da minimização do risco social. A escola não fica imune a essas relações, intensamente experienciadas no currículo escolar. Além disso, a escola, por meio de seu currículo escolar, ocupa espaço importante no processo de governamentalização do Estado, isto é, no processo de tornar o Estado mínimo em suas ações diretas, mas mais potente em suas funções, agora governamentalizadas, isto é, expandidas e ampliadas para todo o corpo social. O filósofo Michel Foucault nos ajuda a entender tal processo:

> [...] a governamentalização do Estado foi o fenômeno que permitiu ao Estado sobreviver. Se o Estado é hoje o que é, é graças a esta governamentalidade, ao mesmo tempo

interior e exterior ao Estado. São as táticas de governo que permitem definir a cada instante o que deve ou não competir ao Estado, o que é público ou privado, o que é ou não estatal, etc.; portanto, o Estado, em sua sobrevivência e em seus limites, deve ser compreeendido a partir das táticas gerais de governamentalidade. (FOUCAULT, 1992, p. 292)

A escola moderna se constitui em um *lócus* privilegiado, uma maquinaria, que coloca em funcionamento tais táticas de governamentalidade.

> [...] a escola organizou-se enquanto instituição capaz não apenas de gerar novos saberes – ainda que isso tenha ocorrido principalmente não nas escolas, mas nas universidades e academias –, como também de funcionar como um *lócus* de acontecimentos acessível ao controle e à aplicação dos novos saberes e, principalmente, de preparar as massas a viverem num Estado governamentalizado. (VEIGA-NETO, 2000, p. 190)

Nesse sentido, vejo o currículo escolar colocar em ação táticas para desenvolver práticas de governo do eu e do social, em que o Estado exerce suas funções por meio de práticas microfísicas e sutis, tais como aquelas sugeridas pelos pareceres descritivos. Dessa forma, podemos dizer que os pareceres descritivos atuam potencializando as táticas de governametalização do Estado. São instrumentos que auxiliam no governamento dos sujeitos. Nesse processo, não apenas o poder disciplinar atua, mas o biopoder, que tem na população o seu alvo. Nesse exercício, não interessa apenas disciplinar o corpo e a mente para que ocupem seus lugares na maquinaria escolar e social, mas, nesse jogo, a maquinaria precisa colocar em ação campanhas e práticas que ensinem a população escolarizada os padrões exigidos por essa lógica, para que o Estado possa exercer, também ali, essas micropráticas de governamento (é preciso fazer uma ressalva: o governamento não está necessariamente ligado ao Estado, é uma ação sobre as condutas que o Estado

Moderno toma como elemento de sua racionalidade). As funções do Estado se exercem por todo o corpo social; a escola é um desses espaços.

O presente estudo foca sua análise em parte do material de uma pesquisa desenvolvida em duas escolas da rede municipal de um município do Rio Grande do Sul. A referida pesquisa analisa os processos de in/exclusão (tomamos os processos de inclusão e exclusão como faces de uma mesma moeda, são inseparáveis e não são plenamente atingíveis) que se estabelecem nos currículos dessas escolas. Os pareceres descritivos fazem parte desse material de pesquisa, já que são tomados como registros da aprendizagem escolar e, como tais, são instrumentos importantes, que permitem extrair saberes sobre os alunos, principalmente sobre aqueles em situação declarada de inclusão escolar. Portanto, os pareceres são fontes de informações sobre a vida escolar daquele sobre o qual fala e podem produzir a in/exclusão dos sujeitos escolares. Não apenas pelo processo avaliativo em si, mas pelo que produzem de narrativas sobre esses sujeitos e sobre o que os sujeitos fazem consigo mesmos, a partir deles. Esses pareceres são instrumentos que colocam em ação dispositivos de normalização e subjetivação e, dessa forma, produzem o sujeito pedagógico adequado a uma sociedade contemporânea neoliberal. Em um importante estudo sobre discurso e prática pedagógica, Díaz (1999, p. 15) refere que: "O sujeito pedagógico está constituído, é formado e regulado, no discurso pedagógico, pela ordem, pelas posições e diferenças que esse discurso estabelece. O sujeito pedagógico é uma função do discurso no interior da escola e, contemporaneamente, no interior das agências de controle".

Falando de uma sociedade e de um sujeito pedagógico

Muitos autores têm nos desafiado a pensar que estamos vivendo em plena sociedade de controle. Deleuze (1992) é nomeado como o primeiro filósofo a fazer tal distinção. O que esse filósofo nos incita a fazer é sair da posição de imobilismo e buscar novas formas de agir nesse novo contexto. Ele diz: "Não cabe temer ou esperar, mas buscar novas armas" (DELEUZE, 1992, p. 220). Ele acredita que estamos em um tempo singular e que "trata-se apenas de gerir sua agonia e ocupar as pessoas, até a instalação das novas forças que se anunciam. São as *sociedades de controle* que estão substituindo as sociedades disciplinares" (DELEUZE, 1992, p. 220). Não interessa discutir se a sociedade é mesma de controle ou não. Para os objetivos deste texto, basta que assumamos a posição de que estamos vivendo em uma sociedade em que a soberania, a disciplina e o controle convivem. Articulam-se de forma diferente, produzindo uma sociedade de seguridade, em que a segurança e a minimização do risco social são os alvos.

Teria a escola também se transformado em uma agência de seguridade? De que tipo? Na sociedade disciplinar, a escola também desenvolvia o controle que age sobre o corpo. Agora, a ênfase desse poder desloca-se para a população, e isso deverá trazer modificações também para a escola e o conhecimento e, portanto, também para a produção do sujeito pedagógico. Esse é o desafio deste texto. Olhar para os pareceres descritivos como "olhos poderosos de poder" (CORAZZA, 1996), que, no momento atual, estão produzindo alguns deslocamentos na produção do sujeito pedagógico e, portanto, no próprio estatuto do conhecimento escolarizado. É ainda. Deleuze (1992) que lança uma importante declaração sobre a escola:

> O princípio modulador do 'salário por mérito' tenta a própria Educação nacional: com efeito, assim como a empresa substitui a fábrica, a *formação permanente* tende a substituir a *escola*, e o controle contínuo substitui o exame. Esse é o meio mais garantido de entregar a escola à empresa. (DELEUZE, 1992, p. 221)

Seguindo as explicações desse autor, estamos vivendo muitos deslocamentos na organização da sociedade, e eles também estão ocorrendo na escola, em que o controle e a vigilância vão se processar em outras bases, mais rápido, mais contínuo e ilimitado. O sujeito vive não mais confinado, mas endividado, e isso produz outras amarras, outro tipo de sentir-se confinado sem as fronteiras rígidas dos limites concretos. Os pareceres descritivos podem ser tomados como mecanismos que ajudam a colocar em ação esse controle mais contínuo do sujeito e também registra a dívida que tal sujeito adquiriu no processo de escolarização. Não mais, simplesmente e definitivamente, indica-se a nota final, ou o resultado no boletim; aprovado ou reprovado. Uma série de indicações, orientações e/ou punições se fazem presentes nesses pareceres. O que esse autor nos mostra em seu trabalho é que estamos vivendo com a tal "crise das instituições" "uma implantação progressiva e dispersa de um novo regime de dominação" (DELEUZE, 1992, p. 225). Este parece ser um desafio para educadores e educadoras do século XXI: enfrentar essas novas formas de dominação, buscando entendê-las para que possamos encontrar ferramentas, que nos possibilitem alcançar posições menos excludentes para quem vive nesse mundo que tem se metamorfoseado constantemente, e que parece ter perdido sua solidez. Uma vida líquida (BAUMAN, 2007) estaria produzindo uma escola, uma educação, um conhecimento líquido? Que sujeitos pedagógicos seriam esses, que vivem na escola dessa sociedade líquida?

O que dizem os pareceres descritivos

Os pareceres descritivos são tomados como forma de registro das avaliações. São formas de expressão dos resultados, descrevem o processo pedagógico do aluno. Os pareceres, que foram objetos de minha investigação, pertencem a uma das escolas (escola A) que compõem o *corpus* da pesquisa. São elaborados como fichas, em que as professoras registram o desenvolvimento de seus alunos no final de cada trimestre de trabalho. Eles apresentam diferenças segundo a modalidade/

série a que são destinados. Por exemplo, na educação infantil são textos descritivos e narrativos sobre o processo vivenciado com as crianças, que terminam sempre com uma despedida e encerramento afetivo.

> O XXX não teve problemas em adaptar-se aos colegas e à professora, *integrou-se* com sucesso ao grupo e hoje mantém um *bom relacionamento* com todos, não demonstrando preferências. Encontra-se na fase do *brinquedo em grupo* e mostra preferência por jogos de encaixe os quais realiza com destreza e criatividade. Realiza as atividades com *entusiasmo*, escreve seu nome e utiliza os materiais oferecidos pela professora sem precisar auxílio. Assimila todos os conceitos trabalhados dentro da área cognitiva e mostra boas condições intelectuais. XXX é um garoto *esperto, criativo* tendo apresentado crescimento em todas as áreas trabalhadas.
> *Espero que o próximo trimestre seja tão progressivo quanto este.* Um beijo!

Fonte: Parecer Descritivo da ed. infantil - Escola A

Já, nas séries seguintes, aparece a preocupação com a aprendizagem, principalmente com a alfabetização e a orientação para que a família colabore no ensino.

> O aluno atingiu os objetivos do 1º trimestre. Identifica e escreve seu nome. Reconhece as *letras do alfabeto. Confunde os sons* das mesmas, demonstrando *dificuldade na escrita.* Quantifica e reconhece *os numerais até 10* e assimila bem a ideia de adição. *É responsável* com seu material. Seu caderno está *caprichado e organizado*, bem como seus trabalhos. *Frequenta as aulas* de recuperação paralela e demonstra muito *interesse* em aprender. Sugiro que a família continue empenhada em ajudá-lo a progredir, incentivando a *leitura e a escrita.*

Fonte: Parecer descritivo da 1ªsérie – Escola A

Após uma análise minuciosa sobre esse conjunto de pareceres, foi possível organizar os dados em três categorias: comportamento, conhecimento e orientação. Os pareceres de todas as séries apresentaram uma recorrência na categoria comportamental. Os pareceres da educação infantil apresentaram um fato significativo, ou seja, a coluna dos conhecimentos específicos não contém registros. Seria interessante analisar o que o discurso pedagógico centrado na afetividade tem produzido nos currículos escolares e no estatuto do saber de alunos e de professores, tanto na educação infantil quanto nas séries iniciais.

Nessa modalidade de ensino e no primeiro ano de ensino fundamental, o registro das aprendizagem dos alunos foi efetuado sobre o comportamento. A norma era comportamental. Nos anos subsequentes, operações de vigilância e controle intensificaram-se ainda mais. Ou seja, de ações comportamentais, passou-se a agregar também uma rígida comparação com a norma aceita como desejável ao sujeito pedagógico daquele nível de ensino. Isso nos possibilitou extrair os seguintes enunciados: *Obediência, organização e interesse: que aluno é esse? Um aluno estudioso, dedicado, presente, comprometido, rápido: necessidade do auxílio da família e de atividades extras. Força de vontade, comprometimento e dedicação: ferramentas para obter bons resultados.*

Alguns estudos que analisaram pareceres descritivos tais como Corazza (1996) e Carvalho (2007), ajudam-nos a entender essa forma de avaliação como um exercício poderoso de poder que se exerce sobre a população escolar e que tem espaço nos currículos escolares da contemporaneidade. Corazza (1996, p. 66) explicita esse processo da seguinte forma: os pareceres

> [...] consistem em uma prática da vontade e do poder de disciplinar, corrigir, comparar, medir, decifrar e, também, de punir e penalizar; realizando, desta forma, uma das mais sofisticadas sínteses entre os dispositivos da jurisprudência penal e os da penalização pela norma".

É ainda essa autora que nos leva a indagar sobre a mudança no estatuto do saber que tal transformação produz. Ela cita algumas transformações desde a escola dos castigos físicos até a escola ativa. O desafio que me proponho neste texto é tentar "ir adiante" não no sentido de superar, mas tentando continuar a conversa iniciada pela pesquisadora. Acredito que possa ser importante pensar que na contemporaneidade, outros jogos estão em ação no currículo escolar. Um deles estaria expresso nos discursos sobre a inclusão escolar. Ao analisar tais pareceres, fica evidente a fragilização dos conhecimentos e a ênfase na dimensão moral. Até aí, podemos entender o processo de normalização em ação. Mas ocorre que, junto à dimensão moral, está uma coluna com as orientações e de como tal sujeito poderá ser incluído novamente na população escolar aprendente. Por isso acho oportuno fazer a distinção entre normatizar e normalizar, tal como fazem Veiga-Neto e Lopes (2007, p. 956) que sugerem o uso da

> [...] palavra *normatizar* e suas derivadas para designar as operações de criar, estabelecer ou sistematizar as normas. Assim, por exemplo, podemos entender que os dispositivos *normatizadores* são aqueles envolvidos com o estabelecimento das normas, ao passo que os *normalizadores* [são] aqueles que buscam colocar (todos) sob uma norma já estabelecida e, no limite, sob a faixa de normalidade (já definida por essa norma).

Os pareceres, nessa ótica, funcionam tanto como normalizadores (buscam colocar todos sobre a norma dos aprendentes) quanto como normatizadores (contribuem para fixar e sistematizar as normas de aprendente no tempo e espaço) e penso que, nesse momento, mobilizados pelas políticas de inclusão, os pareceres funcionam como estratégias de vigilância e controle para que esses "outros", que desencadeiam o perigo do risco social, sejam colocados em posições mais seguras para a sociedade. Fazem com que outro tipo de poder entre em ação, o biopoder. Com as políticas de inclusão, é preciso que os sujeitos escolares sejam controlados, vigiados para que possam fazer parte da população escolarizada. A obrigatoriedade da escola, as avaliações e os dados estatísticos de alunos evadidos, repetentes, com dificuldades de aprendizagem, com deficiências, entre outras especificidades, são práticas que colocam em ação a prevenção do risco social e que contribuem para que todos estejam na escola. A escola funciona assim como uma agência, de seguridade. Não estou sozinha nesse argumento, pois, conforme Veiga-Neto e Lopes (2007, p. 957):

> Pode-se dizer que, à noção de disciplina como ortopedia corporal, que gera individualidades e que, por moldar o corpo, molda a alma, institui um sujeito (moderno) – uma noção que se estabeleceu na Europa a partir do século XVII –, mais tarde somou-se a noção de 'disciplina como técnica de normação'. E aí, a partir da segunda metade do século XVIII, o poder disciplinar já não estava mais sozinho, senão que articulado com o biopoder.

Obediência, organização, participação, interesse: que aluno é esse?

Os pareceres descrevem e solicitam um aluno obediente, um aluno que atue conforme a norma social estabelecida na sociedade e no currículo escolar.

Esse padrão comportamental solicitado, baseado na ordem e na disciplina, é bem comum às escolas. Se retrocedermos no tempo, vamos encontrar a produção desse aluno já no século XVII. Comenius fazia uma crítica às escolas de seu tempo tanto pela desordem comportamental dos jovens quanto pela falta de ordem nos métodos utilizados e incorpora como símbolo desse ordenamento um instrumento que vem fazendo parte sistemática dos currículos escolares: o relógio. "Todas as coisas dependem de uma ordem única... tentemos, pois, em nome do Altíssimo, dar às escolas uma organização que responda ao modelo do relógio, engenhosamente construído e elegantemente decorado" (COMENIUS, 2002, p. 127).

Será que na sociedade de controle o relógio perdeu seu status no currículo escolar? Não creio. As constantes visitas que tenho feito às escolas, como pesquisadora e como professora que acompanha estágios do curso de Pedagogia, têm mostrado alterações apenas na velocidade do relógio e das ações que se desenvolvem nesses minutos, agora transformados em segundos. A escola continua pautando-se no relógio e em rotinas que incorporam muitas atividades na agenda diária de suas crianças. As professoras e os alunos chegam estafados ao final do dia, mais parecem que participaram de uma maratona do que de uma experiência pedagógica. A professora é mais uma gestora desse tempo, encaminha os alunos para aulas de balé, informática, artes, língua estrangeira, merenda, pátio, banda e projetos variados, incorporados na agenda dos alunos, conforme o "bolso" dos pais consegue suportar. Estaríamos frente a um professor gestor? Em que a disciplina perde o foco para o controle? Esse parece ser o aluno que vive na escola essa ordem curricular, um aluno que ocupa a totalidade de seu tempo, que se prepara para viver na sociedade e ser competente. Um sujeito polivalente, com muitas informações e conhecimentos, mas um sujeito sem tempo futuro e passado. Um sujeito com a marca digital.

O parecer abaixo mostra um aluno que precisa participar, ser interessado, organizar-se, estar presente, atento, um sujeito antenado e que esteja sempre em atividade.

> A aluna *superou os objetivos* do trimestre. *Identifica e escreve* seu nome. *Reconhece* todas as letras e sons. *Escreve* palavras e frases e já *pratica leitura. Quantifica e reconhece os numerais* e seus nomes. Assimila a ideia de *adição*. Seus *trabalhos e seu caderno* estão *sempre caprichados.* É *assídua e responsável*. Participa com envolvimento *das aulas, da hora do conto e do laboratório de informática.*

Fonte: Parecer da 1ª; série – Escola A

Nessas descrições, está presente o padrão de sujeito pedagógico, o perfil de um aluno desejável que permanece cronometrado, mas o tempo é o momento presente, sempre pronto para entrar em ação. Um sujeito com a marca digital, mas um sujeito muito mais controlado, mesmo que por estratégias mais sedutoras e democráticas.

Um aluno estudioso, dedicado, presente, comprometido, rápido: necessidade do auxílio da família e de atividades extras

Analisemos os seguintes pareceres:

> A professora recomenda a aluna que *continue se dedicando aos estudos* realizando suas *atividades com empenho, procurando retirar todas as dúvidas*. É importante que a XXX continue *estudando em casa, lendo e escrevendo bastante*. Deve continuar *frequentando as aulas de reforço*.

Fonte: Parecer 2ª. série – Escola A

> A professora recomenda a aluno que procure se *dedicar mais aos estudos*, tendo mais *atenção em aula*, realizando suas *atividades com mais empenho*, procurando *retirar todas as dúvidas*. É importante que o XXX tenha *um horário de estudo em casa*, onde possa *ler bastante e escrever*. Não deve faltas as aulas a as atividades de reforço.

Fonte: Parecer 2ª. série – Escola A

> Seu *caderno* melhorou *quanto à organização*, mas continua *incompleto*. Frequenta com *assiduidade e pontualidade as aulas*, inclusive a recuperação *paralela*. É necessário que *cuide do seu material e tenha mais capricho na pintura, colagem, recorte e apresentação dos trabalhos*. Sugiro que *a família estipule um horário de estudo*, pois seu *progresso tem sido muito lento*.

Fonte: Parecer 1ª. série – Escola A

O espaço da escola precisa ampliar-se, não apenas por meio da educação a distância, mas por meio de uma pedagogização das famílias e de atividades extraclasses de reforço ou recuperação. Um sujeito que precisa ocupar-se o tempo todo com o estudo. Um trabalhador sistemático e permanente. Talvez esteja aqui expresso um indício sobre a perda do estatuto pedagógico e da fragilização dos conhecimentos escolares. O professor parece que se transformou em um articulador de atividades dispersas, um assistente. Sua competência profissional, sua autoridade pedagógica fragilizou-se. Não estou sozinha nessa preocupação; vários autores mostram o crescente aumento das pedagogias "psi" no meio pedagógico e sua repercussão. Silva (1998) vai nos falar das liberdades reguladas; Hanna Arendt em um artigo de César (2007), em que o foco é a análise da crise na educação, já anunciava uma infantilização generalizada nos processos educativos pela adoção de tais pedagogias. O que gostaria de chamar a atenção é para essa ampliação das formas de controlar o sujeito pedagógico: a família e atividades extras entram em ação para que se obtenha o máximo de segurança e se potencialize a prevenção do risco social.

Força de vontade, comprometimento e dedicação: ferramentas para obter bons resultados

Os conhecimentos são descritos de forma geral e relacionados com dificuldades a superar. A escola contemporânea, especialmente essas escolas públicas pesquisadas, parece que se tornou um espaço com foco na convivência, o conhecimento das diferentes áreas quase não é nomeado. Constatamos também que, nos pareceres descritivos, eles aparecem em termos de dificuldades: nos números, na fala, na escrita, na leitura, na interpretação de textos, etc. Se pensarmos no antigo boletim, que se restringia a uma nota, vamos ver que no parecer aparecem mais informações. Há indicação de como o aluno pode conseguir melhores resultados: ele precisa de "força de vontade, comprometimento e dedicação".

> Dificuldades a melhorar: Produção textual, leitura e interpretação, divisão e histórias matemáticas, *atenção em aula.*

Fonte: Pareceres – 3ª. série – Escola A

> Seu *rendimento é insuficiente* neste trimestre. Será convidado a *participar das aulas de estudo de recuperação* para melhor aproveitamento do que já foi estudado e do que será. Dar atenção especial aos seguintes itens: língua portuguesa, leitura de bons textos para melhorar ortografia, leitura e produção textual, na matemática, cálculo nas 4 operações, bem como na solução de problemas, em ciências: mais interesse nas atividades propostas em pesquisa. Somente com *força de vontade, comprometimento e dedicação* conquistará melhores resultados.

Fonte: parecer 4ª. série – Escola A

Vemos explicitado acima um aluno que sempre tem o que melhorar, nunca está pronto, está sempre a caminho. É exigido que o aluno desenvolva atitudes, não apenas conhecimentos. No discurso das competências, desloca-se o leque das exigências. Agora não apenas conhecimentos, mas atitudes e habilidades são exigências da escola. Com isso, o foco sai do conhecimento para centrar-se nas relações. Como tais conhecimentos poderiam ser explicitados? Como as orientações para superação poderiam sair da esfera relacional e indicar formas concretas de trabalho com o conhecimento a ser adquirido pelo aluno? Mais uma vez, podemos ver outras táticas em ação. Vemos o controle do risco social utilizando-se das pedagogias relacionais, pois essas práticas podem ser comparadas com fios de uma rede que jamais poderá ser finalizada. Que estratégia mais eficiente poderíamos inventar? Até mesmo o fracasso de tais estratégias vai recair sobre o aluno, que não foi dedicado nem teve suficiente força de vontade.

Que escola é essa? Que sujeito é esse?

Temos que considerar a especificidade da escola analisada: uma escola pública de periferia. O sujeito pedagógico que esses pareceres produzem está em consonância com um sujeito que vive em uma sociedade de normalização. Um sujeito que vive em uma sociedade líquida em que a ênfase não é mais disciplinar. É um aluno que vive o momento presente, competente e eficiente, ordeiro, organizado. Um sujeito que vive a escolarização não apenas no espaço da escola, mas que a família e as atividades extraclasse somam-se ao currículo. Um sujeito que sempre precisa melhorar, está sempre a caminho. Um sujeito que será educado não só pela escola, mas pela mídia, pela família, pelos projetos que invadem a escola. A escola torna-se uma empresa; através de projetos, campanhas, instrumentos e material de avaliação, ela põe em funcionamento as próprias funções do Estado. Ela se governamentaliza. Os pareceres são potentes mecanismos que atuam produzindo sujeitos úteis, adequados, eficientes, competentes, para que a escola exerça as funções do Estado cada vez de forma mais sutil, engajada, competente e sedutora. Poderíamos dizer que essa escola contempla as funções de uma empresa?

E o aluno? Se voltarmos à epígrafe inicial. Como poderíamos descrever hoje a fabricação de tal sujeito? Que tal a seguinte redação?

> *Início do século XXI: o escolar continua sendo algo que se fabrica: de uma massa ondulatória de um corpo social, tornou-se uma ou múltipla função da máquina de que se precisa; nasceu pensado pelas políticas públicas; seu corpo foi milímetro por milímetro incorporado ao grande pai Estado, que o torna parte dele mesmo, se assenhoreia dele, dobra sedutoramente o conjunto, torna-o continuamente disponível e potencializado e se prolonga, de todas as formas, não só no automatismo dos atos, mas também no volume*

das informações e nas relações afetivas; em resumo, foi expulso o aluno docilizado e lhe foi dada a fisionomia de sujeito livre, um aluno empresário, que gesta a sua vida de tal forma que a vida do Estado se potencializa.

O que tem a ver os pareceres descritivos com tal sujeito? Acredito que eles nos mostram a face desse sujeito da contemporaneidade e que a escola continua, de forma potente, contribuindo para sua produção, uma vez que ela é uma instituição que coloca em ação táticas de seguridade, por meio de processos sutis e sedutores de normalização, próprios de uma sociedade em que o controle parece ser o foco. César (2004, p. 159) nos adverte para os perigos da sedução dessa sociedade em que vivemos:

> O trabalho da resistência frente à *sociedade de controle* torna-se muito mais difícil e complexo, visto que se trata de confrontar um mundo que vem progressivamente abandonando os dispositivos disciplinares instituindo tecnologias de controle que são sutis, móveis, super-moderna e que possuem uma linguagem hiper-progressista. Como resistir a práticas educacionais que visam produzir um sujeito autônomo, crítico, consciente, plural, tolerante e flexível, capaz de se sentir em casa num mundo que, não obstante, se torna cada vez mais inóspito?

Saber disso pode nos ajudar a desarmar tais jogos de poder e em seu lugar armar outros, em que a escola, no jogo da in/exclusão, possa comprometer-se mais com a face da inclusão.

Referências

BAUMAN, Zygmunt. *Vida líquida*. Tradução Carlos Alberto Medeiros Rio de Janeiro: Jorge Zahar, 2007.

CARVALHO, Rodrigo Saballa de. *Pareceres descritivos*: Histórias de saber, poder e verdade sobre os infantis. Disponível em: <http://www.conteudoescola.com.br/site/> Acesso em: 10 dez. 2007.

CÉSAR, A Maria Rita de Assis. *Da escola disciplinar à Pedagogia do controle*. 2004. Tese (Doutorado em Educação) – Faculdade de Educação, Universidade Estadual de Campinas, Campinas, 2004.

CÉSAR, A Maria Rita de Assis. A Educação num mundo à deriva. Revista Educação Especial: Biblioteca do Professor. *Hannah Arendt pensa a Educação*. Editora Segmento. v. 4, p. 36-45, 2007.

COMENIUS. *Didática Magna*. São Paulo: Martins Fontes, 2002.

CORAZZA, Sandra. Olhos de poder sobre o currículo. *Revista Educação & Realidade*. Porto Alegre: FACED/UFRGS, v. 1, n. 1, p. 46-70. jan/jun/1996.

DELEUZE, Gilles. *Conversações*. Tradução: Peter Pál Pelbart. Rio de Janeiro: Ed. 34, 1992.

DÍAZ, Mario. Foucault, docentes e discursos pedagógicos. In: SILVA, Tomaz Tadeu da (Org.). *Liberdades reguladas. A pedagogia construtivista e outras formas do governo do eu*. Petrópolis: Vozes, 1998. p. 14-29.

FOUCAULT, Michel. *Vigiar e punir: nascimento da prisão*. Tradução: Raquel Ramalhete. Petrópolis: Vozes, 1987.

FOUCAULT, Michel. *Microfísica do poder*. Rio de Janeiro: Graal, 1996.

SILVA, Tomaz Tadeu da. As pedagogias psi e o governo do eu nos regimes neoliberais. *In*: SILVA, Tomaz Tadeu da. (Org.). *Liberdades reguladas. A pedagogia construtivista e outras formas do governo do eu*. Petrópolis: Vozes, 1998. p. 7-29.

VEIGA-NETO. Alfredo. LOPES, Maura Corcini. Inclusão e governamentalidade. In: *Educação e Sociedade*. Campinas: CEDES, v. 28. n. 100, out. 2007.

VEIGA-NETO, Alfredo. Educação e governamentalidade neoliberal: novos dispositivos, novas subjetividades. In: CASTELO BRANCO, Guilherme; PORTOCARRERO, Vera (Orgs.). *Retratos de Foucault*. Rio de Janeiro: Nau, 2000. p. 179-217.

VEIGA-NETO, Alfredo. *Foucault & Educação*. Belo Horizonte: Autêntica, 2003.

Um corpo mais perfeito

Iolanda Montano dos Santos

> De que corpo necessita a sociedade atual? Como resposta à revolta do corpo, encontramos um novo investimento que não tem mais a forma de controle-repressão, mas de controle-estimulação: *"Fique nu... mas seja magro, bonito, bronzeado!"*. (FOUCAULT, 2002, p. 147)

A epígrafe acima leva-nos a pensar sobre o quanto a saúde e a perfeição corporal têm ocupado um lugar privilegiado na contemporaneidade. Com efeito, cuidar do corpo seria a melhor forma de cuidar de si mesmo, de afirmar a personalidade e de sentir-se feliz. As manchetes recorrentes nos jornais e revistas[1] que cito falam-nos da importância de se viver cada vez melhor, apesar de tudo aquilo que ameaça, constrange e debilita o corpo, tanto no aspecto físico-mental quanto no aspecto social. Parece que a mídia tem enfatizado cada vez mais a importância da saúde do corpo – cuidar o corpo e torná-lo o mais perfeito possível.

É nessa esteira que este texto se articula com o tema da inclusão, que tem provocado muitas manifestações e interesse por parte de diferentes profissionais das áreas da educação e da saúde. Neste artigo, o objetivo é tomar o corpo e a saúde como objetos privilegiados para uma discussão sobre a inclusão social. As políticas de inclusão têm ressaltado que incluir as pessoas

---

[1] Neste artigo, as manchetes de jornais e revistas que utilizo fazem parte do conjunto do material de pesquisa da minha Tese de Doutorado, que está em fase de elaboração (SANTOS, 2007).

com necessidades educacionais especiais em diferentes espaços sociais, sejam elas deficientes físicos, mentais, sindrômicos, etc., seria uma forma de desenvolver a sua potencialidade, multiplicar sua possibilidade e compensar sua deficiência e incapacidade.

É importante salientar que, neste texto, desenvolvo minha análise relacionando-a com algumas questões relativas à Educação e à Saúde, como campos que se constituem em espaços de normalização, disciplinarização e regulação social (SANTOS, 2004). A relevância dessa discussão está em problematizar a ideia de que a inclusão social seria uma maneira de promover a inclusão de todos os diferentes (aqueles que a modernidade chamou de "anormais", "deficientes").

Nesse sentido, procuro focar, de forma mais pontual, alguns discursos que enfatizam a capacidade de superação de muitas crianças e jovens considerados deficientes como forma de inclusão social. Os corpos que aparecem na mídia, classificados como anormais ou deficientes, têm sido destacados como corpos exemplares, ou seja, que atingiram certa perfeição, que se tornaram mais saudáveis. Em outros termos, tais corpos, ao se tornarem modelares, estariam de acordo com um corpo padronizado ou normal. Concordo com Santos (2007, p. 85) quando ele diz que se fala "dos corpos anormais para se regular os corpos ditos normais".

Contextualizando a saúde e a educação

> Cada vez menos Down. Especialistas descobriram que integrar essas pessoas à sociedade é muito melhor do que protegê-las em casa, como se fazia antes. Eles também estão vivendo mais tempo, mostrando com tudo isso que, ao contrário do que muitos acreditam, não são doentes. Os especialistas preferem classificar a síndrome de acidente genético e não de doença (ISTO É, 2006, p. 64).

Considerando-se a saúde como um direito, conforme o estabelecido na Declaração Universal dos Direitos da Organização das Nações Unidas em 1948, pode-se perceber uma mudança de paradigma em relação à concepção de saúde. Vale dizer que, no Brasil, por exemplo, o direito universal à saúde foi explicitado pela primeira vez no texto da Constituição da Organização Mundial da Saúde, subscrito por 61 países em 22 de julho de 1946. Nesse documento, a saúde é considerada como "um estado de completo bem-estar físico, mental e social e não somente a ausência de afecções ou enfermidades" (MOURA apud MEYER, 1998, p. 9), e é um dos direitos fundamentais de todo ser humano, sem distinção de sexo, raça, religião, ideologia política e condição econômica e social. De certa forma, começa-se a colocar em xeque a perspectiva biologicista, individualista, mecanicista e curativista de saúde. Isso se pode perceber com o advento da chamada "medicina científica", que conforma, de maneira hegemônica, o ensino e a assistência no campo da saúde, ao longo do século XX. Em estudos posteriores, algumas críticas foram feitas a tais perspectivas. Meyer (1998, p. 9) diz que:

> [...] começa por explicitar-se uma ampliação e uma complexificação do processo saúde/doença, que nos permite entender a saúde, hoje, como a capacidade de interação e reação física e emocional que indivíduos e grupos desenvolvem e exercitam no seu cotidiano, quando enfrentam a vida em sua complexidade; nesta complexidade o biológico é apenas uma dimensão a ser compreendida a partir de sua inserção nas condições sociais, econômicas, políticas e culturais vigentes nas sociedades, em diferentes momentos históricos.

Dessa forma, o que se pode observar, ao longo de um processo histórico, é certo deslocamento da concepção de saúde, isto é, de uma vertente que apresentava a saúde como a ausência de doença para uma vertente (segunda metade do XX) que entende a saúde como um direito ao exercício da cidadania. Seguindo esse raciocínio, a saúde, no século XXI, tem se tornado cada vez mais politicamente importante como forma de governamento da população (SANTOS, 2004). Vista dessa perspectiva, a "Educação em Saúde pode contribuir para o exercício de biopoder porque envolve disciplina e normas de comportamentos que têm por objetivo promover uma boa saúde" (GASTALDO, 1997, p. 148). Conforme essa autora, "Educação e Saúde foi a expressão escolhida para traduzir *health education*" (GASTALDO, 1997, p. 164). Em português, utilizam-se as expressões "educação para a saúde" e "educação em saúde" para designar as práticas educativas realizadas no âmbito da promoção da saúde, enquanto em inglês existe apenas uma expressão.

De maneira geral, pode-se dizer que Saúde e Educação foram concebidas em sentido amplo, isto é, a saúde era pensada nos seus aspectos físicos, mentais e morais, com repercussões individuais e, inclusive, sociais; já a educação parecia não se resumir à transmissão de conhecimentos, muito embora os médicos defendessem a necessidade de informar o povo para salvá-lo da ignorância. Enfim, mais do que coagir ou reprimir, à educação competia (e ainda compete) preparar a criança e o adolescente para, digamos assim, dominarem, eles próprios, suas vontades e viverem a vida de forma plena e saudável.

Nessa lógica, é importante salientar que o estabelecimento de políticas públicas para a educação e a saúde está diretamente articulado com os ideais de progresso, crescimento econômico e desenvolvimento da população em geral (JONES, 1999). Pode-se dizer que investir em estratégias para transformar os indivíduos em cidadãos capazes, saudáveis e úteis seria uma forma de criar condições para que o homem se torne um sujeito adaptável à sociedade.

Immanuel Kant, em seu livro *Sobre a pedagogia*, convida-nos a pensar sobre o principal objetivo da educação. Para esse filósofo, a educação tem como objetivo desenvolver, em cada indivíduo, toda a perfeição de que ele seja capaz. Cabe, aqui, uma breve citação do filósofo:

> Talvez a educação se torne sempre melhor e cada uma das gerações futuras dê um passo a mais em direção ao aperfeiçoamento da humanidade, uma vez que o grande segredo da perfeição da natureza humana se esconde no próprio problema da educação. (KANT, 2002, p. 16)

O termo "perfeição", aqui, refere-se ao desenvolvimento harmônico de todas as faculdades humanas, como um ideal supremo, ou seja, levar ao mais alto grau possível todos os poderes que estão nos sujeitos, realizando-os completamente sem que uns prejudiquem os outros. Em outras palavras, isso quer dizer desenvolver toda a sua potencialidade, como enfatiza o discurso da inclusão social em tempos atuais.

É importante salientar que os limites entre saúde e doença foram recriados a partir do momento em que o modelo de medicina de vigilância mudou o foco de atenção da medicina: dos corpos patológicos, passou-se para cada um dos indivíduos da população. Segundo Armstrong e Petersen (*apud* GASTALDO, 1997, p. 151), "as categorias de saúde e doença dão lugar à noção de risco – doença não é um problema *per se*, e uma parte significante da saúde é redefinida como um estado de risco". As pessoas saudáveis poderiam ficar ainda mais saudáveis, assim como poderiam ser saudáveis e doentes ao mesmo tempo, justamente porque pessoas saudáveis e doentes seriam consideradas pessoas "em risco". De certa forma, pode-se considerar que a Educação para a Saúde se tornou parte de uma estratégia de governamento para promover a saúde da população, especificamente, das crianças e dos jovens.

Nesse contexto, a palavra "risco" adquiriu um valor maior e, como tal, é explorada no mercado: a administração dos riscos (à saúde, à vida, à juventude) aparece como um novo mecanismo de controle ligado ao biopoder, isto é, as probabilidades de adoecer e morrer devem ser conhecidas, controladas e modificadas. A partir dessa perspectiva, os pares de oposição saúde/doença, normal/patológico estariam fora de foco, já que nessa lógica "não existe uma linha divisória que separe nitidamente ambos os termos desses pares; as possibilidades combinatórias são infinitas" (SIBILIA, 2002, p. 191). Como diz essa autora, "trata-se de importantes redefinições de termos como normal, saudável e doente" (2002, p. 191).

Parece que a meta primordial da medicina, que expõe os problemas em termos de probabilidades, propensões e tendências, não é apenas a cura – enunciada como correção de erros no código que programa a vida de cada paciente –, mas principalmente a prevenção de riscos detectados nos exames informatizados: riscos prováveis de se adoecer e de morrer ou de sofrer um acidente. As medidas preventivas da medicina contemporânea, através das diversas especializações, constituem poderosas estratégias de biopoder:

> [...] nem todos os indivíduos apresentam erros flagrantes em seus códigos, porém todos os seres humanos têm probabilidades, em menor ou maior grau, de adoecer e morrer. Por isso, as estratégias de biopoder que apontam para a prevenção de risco envolvem todos os sujeitos ao longo de toda a vida, com seu imperativo da saúde e seu amplo menu de medidas preventivas: alimentação, esportes, psicofármacos, terapias, vitaminas, etc. (SIBILIA, 2002, p. 194)

Assim, temos os avanços genéticos, que trazem dilemas éticos e criam outra categoria de indivíduos, "os doentes sadios", um "novo fenômeno". Os "doentes sadios, pessoas que vivem com uma doença que ainda não se manifestou" (ZH, 2007a, p. 23), podem ter acesso a essa informação décadas antes de o mal se manifestar, através de um exame de sangue. De certa maneira, isso também estaria reforçando a importância de outros investimentos sobre o corpo, de outros investimentos como terapia de apoio para esses indivíduos, assim como para os já considerados deficientes físicos, mentais, sindrômicos, etc.

Corpos disciplinados e regulados

> Saúde – Guiados por instituição inovadora, portadores de retardo mental despertam para a vida amorosa nos EUA. Pessoas especiais aprendem a amar. Pais entendem: busca de rotina normal inclui sexo. (ZH, 2006, p. 35)

Nas sociedades modernas, a sexualidade e o corpo ganharam evidente centralidade – os corpos são celebrados e vigiados. Supõe-se que eles se constituem na referência que, por fim, ancora a identidade. Talvez, por isso, se espera que eles (os corpos) sejam inequívocos, evidentes por si. Mas eles escapam e não se deixam fixar. Os corpos são significados pela cultura e são, continuamente, por ela alterados. Eles são históricos e inconstantes; suas necessidades e desejos mudam. Eles se alteram "com a passagem do tempo, com a doença, com mudanças nos hábitos alimentares e de vida, com possibilidades distintas de prazer ou com novas formas de intervenção médica e tecnológica" (LOURO, 1999, p. 14).

Segundo Dreyfus e Rabinow (1995), pode-se dizer que, em praticamente todas as sociedades, se encontra alguma forma de controle sobre o corpo. É importante considerar o corpo não só como uma construção biológica, mas, especialmente, como uma construção sociocultural. Em outras palavras, pode-se pensar "que esse corpo não é suficiente, isto é, que o trabalho sobre ele vai além do disciplinamento, da sua inscrição em determinados regimes de prazer, de conduta e de orientação" (SANTOS, 2007, p. 81).

Para Foucault (1999), o corpo pode ser modificado, aperfeiçoado, e suas necessidades são produzidas e organizadas de diferentes formas. Tal argumento refere-se a um "conjunto de técnicas, práticas e discursos que conformam esse corpo, fazendo essas operações parecerem, [...] perfeitamente naturais, desejadas, servindo para o bem-estar de todos" (SANTOS, 2007, p. 85).

Vale destacar, novamente, como o corpo classificado como anormal torna-se exemplar para o estabelecimento de um corpo considerado normal.

Associada a essa ideia, pode-se perceber o quanto, na contemporaneidade, o corpo adquire uma outra significação, isto é, ele não é mais o que deve ser supliciado, mas o que deve ser regulado, o que deve adquirir aptidões, habilidades e quantificar-se como corpo saudável com plenas condições de desenvolvimento socioeducacional. Estar de acordo com tal modelo pode ser considerado como uma possibilidade de estar incluído nos espaços sociais ou excluído deles, assim como pode garantir a ordem social de acordo com uma política de economia (LOPES, 2007).

Tais argumentos inscrevem-se numa lógica em que o corpo é entendido como um "lugar prático de controle social" (MARTINS; ALTMANN, 2007, p. 26). Isso está associado ao que Foucault (1999) chamou de "investimento nos corpos pelo poder". Nesse sentido, pode-se pensar esse corpo em duas dimensões: uma disciplinar (centrada no corpo como máquina) e outra coletiva (centrada no corpo-espécie).

O conjunto de procedimentos que caracteriza o poder disciplinar, tais como adestramento, ampliação das aptidões e forças, crescimento da utilidade e docilidade, etc., configura uma anátomo-política do corpo humano. Mas o que parece caracterizar o poder disciplinar é o fato de ele dividir o corpo em partes e o treinar com o objetivo de fazer as partes e o todo funcionarem de forma mais eficiente. Isso acontece de forma sutil e contínua, numa rede de micropoderes, incluindo o uso do espaço, do tempo e das práticas cotidianas.

A dimensão focada no corpo-espécie que caracteriza o biopoder – nascimentos e mortalidade, saúde, longevidade – é um processo também de intervenção e controle regulador que configura uma biopolítica da população.

O interessante aqui é perceber que o biopoder não se opõe ao poder disciplinar, mas, ao contrário, é complementar a ele, ou seja, tanto o biopoder quanto o poder disciplinar são tecnologias de poder complementares. Se o poder disciplinar é uma tecnologia centrada no corpo e, portanto, um mecanismo de individualização, o biopoder aparece como uma tecnologia exercida sobre a vida, sobre a espécie, e não sobre o indivíduo, constituindo-se num mecanismo de massificação. Da mesma forma que a tecnologia do poder disciplinar tem como objeto a sujeição de corpo do indivíduo, tornando-o dócil e manipulável, a tecnologia do biopoder é exercida sobre um corpo, mas não um corpo individual, e sim coletivo. Esse novo corpo político, distinto do corpo individual e do corpo social, a um só tempo instituído por e objeto sobre o qual o biopoder se exerce, é a *população* (FOUCAULT, 1999a).

Em sua análise, Sibilia (2002) destaca um importante deslocamento, da vigilância disciplinar para uma gestão privada dos riscos, "fruto da generalização das terapias para os normais, no conjunto de uma série de dispositivos de controle que dissolvem o sujeito da sociedade industrial para conformar outros modos de subjetivação" (SIBILIA, 2002, p. 194). Na sociedade industrial, todos os sujeitos deveriam ser vigiados e corrigidos, o tempo todo, para serem enquadrados na esteira da normalidade. O objetivo do aparato disciplinar e biopolítico, com toda a sua rede de instituições e técnicas de poder, não era punir as infrações, mas corrigir as virtualidades do sujeito: controlar a periculosidade. A função do biopoder não é excluir o criminoso, marginalizar aquele que cometeu algum delito, mas incluir, fixar todos os indivíduos, ligá-los ao aparelho de produção, através das técnicas disciplinares e das regulamentações biopolíticas, em um complexo sistema de ortopedia social (no interior do qual ainda nos encontramos aprisionados).

Com isso, pode-se entender a inclusão articulada às estratégias sociais e políticas no sentido de regular a vida e a conduta das crianças e jovens através de uma ação sobre sua capacidade física, mental e psicológica. O que estou querendo destacar é como o Estado toma como seu objeto de intervenção fenômenos tais como o número de sujeitos, as idades, o estado de saúde, os hábitos e as condutas de determinada população. Nesse sentido, refiro-me a "uma certa forma de buscar a realização de fins sociais e políticos através da ação, de uma maneira calculada, sobre as forças, as atividades e as relações dos indivíduos que constituem uma população" (ROSE, 1998, p. 35) – especificamente, neste texto, a população considerada deficiente. E parece que é nesse sentido que as ações que são distribuídas microscopicamente pelo tecido social podem ser chamadas de "práticas de governamento".

De maneira semelhante, também passando por certo deslocamento, algumas mudanças foram produzidas a partir das últimas décadas do século XX. Atualmente, parece que "é função de cada indivíduo conhecer suas tendências e administrar seus riscos, numa forma de autopoliciamento privado que implica o dever de lutar contra o próprio destino, com a ajuda da tecnociência" (SIBILIA, 2002, p. 199). Isso reflete a tendência ao empresariamento dos sujeitos na sociedade atual; reflete o estímulo que é dado à autonomia individual e também à associatividade em instâncias não estatais. Ou, nas palavras de Foucault (2007), trata-se da redefinição do *Homo oeconomicus* como empresário de si mesmo. Um sujeito empresário de si mesmo é aquele que, tendo a responsabilidade de gerenciar a sua vida, é capaz de enfrentar riscos; como empresário de si, cada um é responsável pelo próprio fracasso ou sucesso, cada sujeito é alvo e experto de si mesmo. Nesse quadro, a ênfase da governamentalização máxima dá-se através da maximização da liberdade individual.

A proposta de promover mudanças comportamentais numa direção predefinida, no sentido de transmitir conhecimentos e redefinir valores através dos objetivos de discursos sobre um corpo perfeito ou um corpo saudável, cria a possibilidade de que se faça uma conexão entre a Educação em Saúde e a biopolítica. Dada a importância de se viver cada vez mais e melhor, é possível pensar a vida e a morte como eventos políticos que têm a ver com a economia da vida: a biopolítica. Entendo que essas estratégias de ação para os cuidados e as mudanças do corpo colocadas nos discursos da mídia se referem a estilos mais saudáveis de vida para a população considerada deficiente, atingindo indiretamente a população em geral.

De certa forma, com a ajuda da medicina e da tecnociência, entre outras, estar-se-iam criando mecanismos para minimizar os defeitos do corpo – um corpo mais perfeito. A minimização dos efeitos de determinadas síndromes ou deficiências estaria possibilitando o apagamento das marcas nesse corpo. É importante salientar que, ao submeter-se tal corpo às práticas corretivas, terapêuticas ou de outra instância, a finalidade é normalizar e fixar identidades de acordo com os padrões sociais e culturais do contexto político e econômico vigente.

É assim que o biopoder propaga atualmente o imperativo da saúde e da vida eterna, pela produção de corpos e subjetividades tanto nos organismos quanto no corpo social. De certa maneira, essa seria a obsessão que temos pelo cuidado com o corpo e pela procura de estilos de vida mais saudáveis, o que encontra na mídia uma aliada para tal divulgação, com a intensificação de campanhas e propagandas.

A mídia fala-nos ininterruptamente sobre os corpos e a saúde: "O mundo do mercado e da publicidade fala a *mim*; de certa maneira, *me* representa, fala dos *meus* interesses. À sua moda, apanha-me como cidadão" (FISCHER, 1998, p. 426). Não seria demais dizer que uma das "regras fundamentais da mídia é a de expor os corpos e insistentemente falar deles. O corpo é o grande alvo" (FISCHER, 1998, p. 431). Os médicos e os especialistas que respondem aos leitores nos jornais e revistas sobre o corpo dos sujeitos tratam, em suas respostas, das dúvidas mais íntimas e também sobre a possibilidade de transformar o corpo, para que ele tenha a forma e a aparência exigidas pelo nosso tempo (corpos magros, belos, perfeitos, enfim, saudáveis).

Seguir estilos de vida saudável, de acordo com uma política de saúde, implica uma regulação e um governo dos sujeitos. A mídia, aliada a tais discursos sobre a saúde do corpo, tem como objetivo reforçar padrões de saúde e de comportamento por meio de suas divulgações. Assim, os discursos sobre o corpo perfeito e saudável podem ser entendidos como uma estratégia de governamentalidade, através da biopolítica.

Importante ressaltar que, nas estratégias de governamentalidade, aparece um "novo enfoque" de Educação em Saúde, centrado na participação social com um modelo pedagógico que enfatiza a troca e a integração de "saberes" como caminhos para melhor qualidade de vida. Gastaldo (1997, p. 156) destaca que o significado do termo "participação" varia de política para política, mas, a partir de 1982, a Educação em Saúde é vista como um método para transformar relações de poder. Percebe-se aí uma relação da Educação em Saúde com as Ciências Sociais, uma tendência observada no Brasil que acompanha o movimento da Promoção da Saúde no cenário internacional.

Segundo Lupton (*apud* CASTIEL; VASCONCELLOS-SILVA, 2006), o foco principal da promoção da saúde é justamente estimular a saúde positiva e prevenir doenças, desenvolvendo atividades específicas dirigidas a metas particulares, com ênfase na gestão racional da saúde da população – comportamentos e atitudes saudáveis. Em outras palavras, pode-se dizer que a mudança de comportamentos veiculada pela promoção da saúde tem como meta principal atingir o desenvolvimento humano, o progresso e sustentar a ordem social.

Inclusão e participação

> É importante refletir sobre o direito de todo ser humano decidir a melhor maneira de viver e conviver com

> o outro. Reconhecendo a diversidade como algo natural, torna-se imprescindível para os profissionais da saúde maior conscientização de seu papel para a inclusão social. (BRASIL, 2007, p. 30-31)
>
> [...] um processo de inclusão demanda o trabalho da educação e da saúde, requer equipes interdisciplinares, para que esse aluno possa ser visto na sua individualidade por diferentes olhares. (ZH, 2005, p. 13)

Diante das narrativas que hoje vêm circulando nas mais diversas instâncias, o princípio da inclusão social parece estar diretamente articulado com a manutenção do Estado Democrático, garantindo, assim, aos sujeitos uma suposta conquista de sua cidadania, o respeito pela diversidade e a aceitação e o reconhecimento político das diferenças. Nessa direção, quando se discute a política de inclusão social, dois elementos aparecem como centrais: os direitos humanos e a justiça social. Essa concepção está baseada no direito ao desenvolvimento, no direito à participação plena na vida comunitária, no direito de ser diferente, no direito a uma vida digna. Em outras palavras, os princípios de tal política de inclusão social referem-se ao direito das pessoas, com deficiência, de serem consideradas membros ativos da sociedade, ao direito de tomar decisões e de obter o necessário apoio de suas famílias (BRASIL, 1997).

Pode-se, assim, observar certa mudança nos modos de definir a deficiência – de um modelo centrado nas dificuldades ou déficit a um modelo centrado na habilidade e capacidade da pessoa; da ênfase nas dificuldades intrínsecas ao acento na inter-relação entre sujeito e ambiente. A esse respeito, é interessante sublinhar a atenção que é dada "para as formas com as quais o entorno pode desenvolver os meios e os apoios para propiciar o pleno desenvolvimento e a inclusão" (BRASIL, 1997, p. 9).

A partir de tais considerações, parece que se amplia o número e o tipo de profissionais envolvidos. Profissionais de diferentes áreas são convocados a compartilhar agora responsabilidades – médicos, psicólogos, fonoaudiólogos, professores, juízes, líderes de associações comunitárias, entre outros.

A ênfase na inclusão e na participação deve ser vista não somente como um reflexo do restabelecimento da democracia no Brasil nos anos 80, mas também como parte de uma rede internacional na qual agências como a Organização Mundial da Saúde (OMS) e o Fundo das Nações Unidas para a Infância (Unicef) disseminam tendências na área da saúde que precisam ser reconhecidas por países ligados à *network* (GASTALDO, 1997).

Nesse contexto, parece que o mais importante é convocar "todos a participar ativamente da busca por maior produtividade e confiança na integração" (PASSETTI, 2002, p. 134). Vale mencionar que, nesses espaços sociais mais flexíveis, a integração e interação dos corpos parecem ser as metas principais da maioria dos programas destinados a atender às pessoas com necessidades educacionais especiais, sejam elas deficientes físicos, sejam elas deficientes mentais, sejam elas deficientes sindrômicos. A ideia principal de tais programas é que, com um apoio especial, todas essas pessoas são capazes de desenvolver algum tipo de atividade, podendo, de certo modo, ocupar diversos espaços na sociedade.

O *aprender a viver* em sociedade parece que vem acompanhado da proclamação de que conviver com a diversidade é o que justamente fará esquecer as diferenças e, dessa forma, tornar o mundo menos desigual. Fazer a inclusão para que a convivência se estabeleça, não só nos espaços escolares, como também em outros espaços sociais, proclamando uma celebração à igualdade, tem sido o discurso politicamente correto e também celebrado pela mídia.

É importante fazer alguns esclarecimentos em relação aos conceitos de diversidade e diferença, tão usados nos discursos das políticas públicas. Nesses discursos, faz-se uma redução da diferença na diversidade. A diversidade sendo, entendida, como um marca no corpo – deficiência física, altura, falta de visão, de audição, etc. – reduz o potencial da diferença a algo variável. Sendo assim, a diferença passa a ocupar o lugar do desvio, do não-desejado, do incomum. Portanto, a redução da diferença na diversidade acaba banalizando "o potencial político da diferença, não creditando nela a força que ela possui para romper com o instituído e com a ordem dada" (LOPES, 2007, p. 21).

Vale destacar também que, ao tratar a questão da inclusão pela lógica da diferença, significa redimensionar tal noção. Dito de outra maneira, "significa pensar a diferença dentro de um campo político, no qual experiências culturais e comunitárias e práticas sociais são colocadas como integrantes da produção dessas diferenças" (LOPES, 2007, p. 20). Nessa linha de raciocínio, todos os incluídos "têm o que dizer, o que propor e com o que discordar" (LOPES, 2007, p. 23). Diferente disso é entender a inclusão como "um processo tenso e de embate cotidiano por direitos de participação e manifestação", perdendo, assim, "seu sentido e força política" (LOPES, 2007, p. 23).

Alguns anúncios de jornais e revistas vêm enfatizando progressos dos sujeitos considerados deficientes, ao mesmo tempo em que celebram a inclusão da criança e do jovem ditos anormal/deficiente na sociedade. Entende-se aí a saúde como perfeição, pois a ideia implícita é a de que somente um corpo saudável teria condições de aprender e de participar, enfim de incluir-se em diferentes espaços sociais. Os anúncios dos jornais ou revistas são os mais variados, procurando mostrar a capacidade de superação de crianças e jovens diante das adversidades/deficiências. Como exemplo, saliento tais discursos nos anúncios em epígrafe apresentados nas seções deste texto.

O que estamos vivenciando, e ao que assistimos diariamente, parece que vai ao encontro da pretensa necessidade de exaltação da diferença, acompanhada de práticas que podem ser percebidas em diferentes narrativas dos próprios deficientes mentais e sindrômicos, assim como de seus familiares.

Ser "radicalmente especiais" parece ser entendido, principalmente pela mídia, como exemplo para os demais sujeitos considerados normais. A exemplo disso, os considerados especiais – "surpreendentemente em pé" (adolescente, 14 anos, com síndrome de Down, que aprendeu a surfar); "energicamente aquática" (adolescente, 12 anos, com síndrome de Down, aprendeu a jogar frescobol e a nadar); "escandalosamente feliz" (adolescente, 13 anos, com síndrome de Down, pratica exercícios e teve melhora na sua coordenação e capacidade de expressão/flexibilidade) –, ao superarem as próprias limitações, estariam estimulando os demais e fazendo com que haja cada vez menos espaço para o preconceito (ZH, 2007, p. 36).

Superar as próprias limitações, manter uma atitude positiva diante de uma deficiência adquirida parece ser a forma encontrada para se levar a vida adiante com plena satisfação. A mídia tem ressaltado a capacidade dessas pessoas ao enfrentarem as adversidades e como, ao superá-las, conseguem sair delas fortalecidas e até transformadas.

Conforme Larrosa (1999, p. 44), tanto as práticas pedagógicas quanto as práticas terapêuticas seriam "espaços institucionalizados onde a verdadeira natureza da pessoa pode desenvolver-se e/ou recuperar-se". A autoestima, o autocontrole, a autonomia, a autorregulação, etc. seriam formas de relação do sujeito consigo mesmo, como uma forma de relação reflexiva da pessoa consigo mesma. Isso criaria a ideia de que, ao se ter certa consciência de si, assim como ao se fazerem certas coisas consigo mesmo, estar-se-ia definindo "o ser mesmo do humano" (LARROSA, 1999, p. 39).

Nesse sentido, o que os discursos parecem enfatizar não é apenas a tolerância à adversidade, mas, principalmente, a capacidade de construção dos sujeitos sobre si mesmos. Parece que a obsessão pelo cuidado com o corpo e a procura por estilos de vida considerados mais saudáveis é o que estaria possibilitando a entrada de tais sujeitos no mundo dos normais. De alguma maneira, os considerados anormais, sindrômicos, etc. estariam sentindo-se socialmente incluídos.

Quando a participação é dinâmica, parece que o "estar junto" vem acompanhado de uma extrema felicidade. Como Fabris e Lopes apontam:

> [...] A felicidade dos diferentes depende de sua entrada no mundo dos normais. É preciso torná-los o mesmo, ainda que isso signifique excluído em um momento seguinte. Dentro dessa lógica moderna é preciso incluir para melhor conhecê-los e assim, em outros argumentos, para ter justificativas, politicamente corretas, para dizer de seu não lugar junto dos normais. (FABRIS; LOPES, 2001, p. 5)

Seguindo esse raciocínio, ser *especial* pode ser entendido como "a possibilidade de ter uma existência construída sobre marcadores que afirmam a produtividade da diferença, a presença imperiosa do ser sobre o si" (LOPES; VEIGA-NETO, 2006, p. 10). É importante referir que esse ser não nos remete a uma essência, mas a subjetividades construídas e conjugadas a partir do outro. Dito de outra forma, polarizar marcas em positivas e negativas pode significar uma simplificação que indica quem são os incluídos e quem são os excluídos. Esses autores argumentam que:

> [...] Assim como tais marcas definem a lista de sujeitos aceitos no grupo dos incluídos, elas definem também os sujeitos que não podem pertencer a tal grupo. A invenção de fronteiras imateriais mantém uma geografia segregacionista que se realimenta dos padrões sociais usados como marcadores para sinalizar quem são os autorizados a frequentar ou o grupo dos amigos/incluídos ou o grupo dos excluídos. (LOPES; VEIGA-NETO, 2006, p. 11)

Dessa forma, é importante enfatizar que a sociedade, através dos processos de reconhecimento de identificação e diferenciação, constrói os contornos demarcadores das fronteiras entre aqueles que representam o dito normal/saudável e aqueles que representam o dito anormal/deficiente. Os indivíduos ao serem classificados, hierarquizados e diferenciados uns em relação aos outros, identificam-se em função de certa normalidade, ao mesmo tempo que são por ela assujeitados (FISCHER, 1998). Talvez se possa dizer que nesse processo de assujeitamento, quando internalizamos como nossos certos padrões de comportamento, quando aprendemos a cuidar de nós mesmos, é que somos levados a uma incansável "busca pela perfeição".

Referências

BRASIL. Ministério da Educação, Secretaria de Educação Especial. Integração: Revista/Secretaria de Educação Especial. *Modelos comunitários e deficiência: desafios para os profissionais*. Brasília, Ano 7, n. 19, p. 9-15, 1997.

BRASIL. Ministério da Educação, Secretaria de Educação Especial. *Inclusão*: Revista da Educação Especial/Secretaria de Educação Especial. *Saúde*: assistência às pessoas com deficiência e o paradigma da inclusão. Brasília, Ano III, n. 4, p. 30-35, jun de 2007.

CASTIEL, Luis David; VASCONCELLOS-SILVA, Paulo Roberto. A noção 'estilo de vida' em promoção de saúde: um exercício crítico de sensibilidade epistemológica. In: BAGRICHEVSKY, M. *et al*. (Orgs.). *A saúde em debate na educação física*. V. 2. Blumenau: Nova Letra, 2006, p. 69-90.

DREYFUS, Hubert; RABINOW, Paul. *Michel Foucault, uma trajetória filosófica*: para além do estruturalismo e da hermenêutica. Rio de Janeiro: Forense Universitária, 1995.

FABRIS, Elí Henn; LOPES, Maura Corcini. *Crianças e adolescentes em posição de aprendizagem*. 2001. Disponível em: <www.humanas.unisinos.br/pastanet>. Acesso em: 20 de maio de 2009.

FISCHER, Rosa Maria Bueno. Mídia e produção de sentidos: a adolescência em discurso. In: SILVA, L. H. (Org.). *A escola cidadã no contexto da globalização*. Petrópolis: Vozes, 1998. p. 424-439.

FOUCAULT, Michel. *Vigiar e punir*. 19. ed. Petrópolis: Vozes, 1999.

FOUCAULT, Michel. *Em defesa da sociedade*: Curso do Collège de France (1975-1976). São Paulo: Martins Fontes, 1999a.

FOUCAULT, Michel. *Microfísica do poder*. Trad. Roberto Machado. Rio de Janeiro: Graal, 2002.

FOUCAULT, Michel. *Nacimiento de la biopolítica*. Curso em el Collège de France: 1978-1979. Buenos Aires: Fondo de Cultura Econômica, 2007.

GASTALDO, Denise. Is health education good for you? Rethinking health education through the concept of by bio-power. *Education and Reality*, v. 22, n. 1, p. 147-168, jan./jun. 1997.

ISTO É. Cada vez menos Down. São Paulo: Três, n. 1918, p. 64, 20 jul. 2006.

JONES, David Martin. Foucault e a possibilidade de uma pedagogia sem redenção. In: SILVA, T. T. (Org.). *O sujeito da educação: estudos foucaultianos*. Petrópolis: Vozes, 1999, p. 111-126.

KANT, Immanuel. *Sobre a Pedagogia*. Piracicaba: Unimep, 2002.

LARROSA, Jorge. Tecnologias do eu e educação. In: SILVA, T. T. (Org.). *O sujeito da educação: estudos foucaultianos*. Petrópolis: Vozes, 1999. p. 35-86.

LOPES, Maura Corcini; VEIGA-NETO, Alfredo. *Marcadores culturais surdos: quando eles se constituem no espaço escolar*. Texto digitado. 2006.

LOPES, Maura Corcini. Inclusão escolar: currículo, diferença e identidade. In: LOPES, M. C.; DAL'IGNA, M. C. (Orgs.). *In/exclusão: as tramas da escola*. Canoas: Ed. ULBRA, 2007. p. 11-33.

LOURO, Guacira Lopes. Pedagogias da sexualidade. In: LOURO. G. L. (Org.). *O corpo educado: pedagogias da sexualidade*. Belo Horizonte: Autêntica, 1999. p. 09-34.

MARTINS, Carlos José; Altmann, Helena. Construções históricas de ideais de corpos masculinos e femininos. In: BAGRICHEVSKY, M. et al. (Orgs.). *A saúde em debate na educação física*. v. 3. Ilhéus: Editus, 2007. p. 23-37.

MEYER, Dagmar Estermann. Educação em saúde na escola: transversalidade ou silenciamento? In: MEYER, D. E. (Org.). *Saúde e sexualidade na escola*. Porto Alegre: Mediação, 1998, p. 05-17.

PASSETTI, Edson. Anarquismos e sociedade de controle. In: VEIGA-NETO, A.; ORLANDI, L. B.L.; RAGO, M. (Orgs.). *Imagens de Foucault e Deleuze: ressonâncias nietzschianas*. Rio de Janeiro: DP&A, 2002. p. 124-138.

ROSE, Nikolas. Governando a alma: a formação do eu privado. In: SILVA, T. T. (Org.). *Liberdades reguladas: a pedagogia construtivista e outras formas de governo do eu*. Petrópolis: Vozes, 1998. p. 30-45.

SANTOS, Iolanda Montano dos. *Cuidar e curar para governar*: as campanhas de saúde na escola. Dissertação (Mestrado em Educação) – PPGEDU/Universidade Federal do Rio Grande do Sul, Porto Alegre, 2004.

SANTOS, Iolanda Montano dos. *Inclusão e gestão*: *configurações e geometrias no espaço escolar*. Dissertação (Doutorado em Educação) – PPGEDU/Universidade Federal do Rio Grande do Sul, Porto Alegre, 2007.

SANTOS, Luís Henrique Sacchi dos. O corpo que pulsa na escola e fora dela. In: RIBEIRO, P. R. C. *et al.* (Orgs.). *Corpo, gênero e sexualidade: discutindo práticas educativas*. Rio Grande: Editora da UFRG, 2007, p. 80-92.

SIBILIA, Paula. *O homem pós-orgânico: corpo, subjetividade e tecnologias digitais*. Rio de Janeiro: Relume Dumará, 2002.

ZERO HORA. *De que inclusão estamos falando?* Porto Alegre, 27 jun. de 2005. Editoriais, p. 13.

ZERO HORA. *Pessoas especiais aprendem a amar*. Porto Alegre, 30 abr. de 2006a. Quadro Geral: Saúde, p. 35.

ZERO HORA. *Radicalmente especiais*. Porto Alegre, 12 de jan. de 2007. Quadro Geral: Verão 2007, p. 36-37.

ZERO HORA. *O futuro no prontuário médico*. Porto Alegre, 15 jan. de 2007a. Quadro Geral: Saúde, p. 23.

Gerenciamento da família:
inclusão de todos numa política da saúde

Mara Marisa da Silva

Perceber que a família, como a conhecemos, e as práticas a elas relacionadas não são algo natural, inquestionável, mas uma invenção da modernidade, faz tremer o chão em que piso, pois isso implica desnaturalizar algumas certezas até então alimentadas por mim, entre elas, a de que a família sempre esteve aí. Diante do borramento de certezas provocado por estudos numa perspectiva foucaultiana, que nos conduz a ver que não há "a verdade" sobre as coisas, posto que tudo é inventado no interior de relações de poder e de saber, para compreender como o gerenciamento da família moderna se tornou possível, precisava olhar para suas condições de possibilidade.

Saliento que, quando falo de condições de possibilidade, não estou buscando por explicações lineares de causa e efeito, mas mapeando alguns ditos sobre família, dando visibilidade a alguns pontos dispersos na rede discursiva que me permitem pensar o presente e perceber que, conforme Michel Foucault (*apud* RAGO, 2002, p. 263), "[...] aquilo que é nem sempre foi [...]".

Num primeiro momento, pretendo explicitar como vejo a noção de governamento operando no gerenciamento da família moderna e como a tentativa de "incluir a todos" numa *política da saúde*, no século XVIII, esteve implicada na produção desse gerenciamento, evitando uma série de riscos e levando a uma economia estatal. Em outras palavras, tenciono discutir como a família, ao tornar-se um aparelho saturado, medicalizado e medicalizante, possibilitou o governamento e a articulação das formas de conduzir tanto a vida do indivíduo, em sua existência singular, quanto a organização da vida coletiva.

Num segundo momento, analiso algumas fotografias produzidas na contemporaneidade que registram a família participando de atividades escolares que a ensinam como cuidar de sua saúde, como cuidar de si e dos seus. Essas práticas, na tentativa de "incluir" todas as famílias, buscam atingir todos e cada um em particular, possibilitando, assim, o governamento da população.

Cabe salientar que, no presente texto, utilizo parte das discussões realizadas em minha Dissertação de Mestrado, intitulada "Família na escola: olhando fotografias, lendo textos culturais", concluída no ano de 2007, pelo Programa de Pós-Graduação em Educação da Unisinos.

A família sendo gerida por uma política da saúde

Com o raiar da modernidade, diante do aceleramento das mudanças econômicas, do crescimento demográfico, do aumento de uma demanda de cuidados por parte dos indivíduos e da população e, com ele, a ameaça de desordem, inventaram-se estratégias de governamento capazes de gerir uma multiplicidade de homens de forma tão eficaz como se estivessem agindo sobre um só (FOUCAULT, 2004a). Atingir *todos* de forma econômica parece ter sido a ordem.

Para que a ação de governar fosse econômica e atingisse a todos, além da produção de conhecimento sobre a coisa a ser governada, era preciso dispor de estratégias de intervenção. De acordo com Bujes (2001, p. 9), essas estratégias tinham como meta a "[...] produção, nos indivíduos, de certas qualidades, de certas características e habilidades, de modo a torná-los adequados aos ditames do poder".

Para tanto, colocaram-se em circulação relações de poder que, por canais cada vez mais sutis, chegavam aos indivíduos, seus corpos, seus gestos, produzindo um jeito singular de ser. Foram relações de poder que romperam com práticas punitivas e que, ao invés de impor leis ou punir, mostraram os ganhos e benefícios que poderiam ser extraídos da prática de sujeição.

As tecnologias políticas que investiram no corpo, na saúde, no modo de ser, nas formas de se alimentar e nas condições de vida da população foram asseguradas não por um aparelho único, mas por um conjunto de regulamentos e instituições chamadas, no século XVIII, de "polícia", ou seja, "[...] conjunto dos mecanismos pelos quais são assegurados a ordem, o crescimento canalizado das riquezas e as condições de manutenção da saúde [...]" (FOUCAULT, 2004b, p. 197). Nesse cenário, em que se buscava garantir a ordem, a saúde da população tornou-se um dos objetivos primordiais do poder político, que procurava, de forma econômica, preservar vidas úteis à nação, e essas só assim seriam quando sãs e medicalizadas.

O médico, então, tornou-se um conselheiro e especialista na arte de observar, corrigir, melhorar e garantir ao corpo social um permanente estado de saúde. Cabia-lhe criar todo um conjunto de prescrições que ordenasse e orientasse a vida nos seus mais variados aspectos, ou seja, além de preocupar-se com a doença, o médico deveria estar atento também ao comportamento e às formas de existência da população.

Para Foucault (2001), um dos instrumentos importantes quando se tratava de dirigir as condutas alheias era a família. Isso porque a emergência dessa nova arte de governar só foi possível com o deslocamento da família do nível de modelo para o nível de instrumentalização, ou seja, a família, que até o século XVII servia como modelo de governo, no século XVIII, torna-se instrumento privilegiado para o *governamento* da população, uma vez que a população possui especificidades irredutíveis ao pequeno quadro familiar. A família, como segmento interno da população, era vista como instrumento, na medida em que, "[...] quando se quiser obter alguma coisa da população – quanto aos comportamentos sexuais, à demografia, ao consumo, etc. –, é pela família que se deverá passar [...]" (FOUCAULT, 2004b, p. 289). Tanto é assim que, no século XVIII, se assistiu à proliferação de campanhas contra a mortalidade infantil, campanhas relativas à amamentação, à vacinação, ao casamento, à higienização da família.

A ordem médica, ao ver a família como instância primeira de medicalização dos indivíduos, interferiu nas relações familiares entre pais e filhos, que passaram a ser regidas por uma série de obrigações, principalmente com relação à infância. Esse conjunto de obrigações referia-se à higiene e à limpeza, tanto do corpo infantil quanto da moradia da família, à preocupação diante da amamentação das crianças pelas mães, ao cuidado com um vestuário sadio e ainda à vigilância permanente dos pais sobre os filhos. Esse cuidado da família em torno do corpo infantil era solicitado pela ordem médica, uma vez que, conforme Costa (1989, p. 144), se acreditava que "[...] a maneira como o indivíduo tinha sido tratado na sua infância era determinante de suas qualidades corporais e morais quando adulto".

Na constituição da família moderna, higiênica e privativa, a redefinição, pelo poder médico, das particularidades de ser criança desempenhou papel fundamental. A criança, que até o final do século XVIII ocupava posição secundária e indiferenciada em relação ao mundo dos adultos, foi elevada à condição de "rainha da família", demandando alimentação, vestuário, brinquedos, horários, cuidados e espaços específicos, fundamentados nos novos saberes racionais sobre a infância. Cabe dizer que isso não significa que os adultos, até o século XVIII, não viam diferenças entre eles e as crianças. As diferenças existiam, mas não como vieram a ser enunciadas na modernidade (COSTA, 1989).

A conquista desse novo domínio de saber, o objeto-infância, consistiu em uma das principais condições de possibilidade para interferência dos médicos higienistas no interior da família. Tal interferência veio ao encontro do interesse do Estado pela elevada taxa de mortalidade infantil e pelo problema do menor abandonado, moldando-se a necessidade da figura do médico na medicalização da família, que, no século XVIII, passou a ser vista como célula básica do corpo social.

Com práticas de intervenção sobre a família, desejava-se promover outras formas de educação, que não aquela desenvolvida pela criadagem; para isso, fazia-se necessário que todas as famílias que confiavam seus filhos a nutrizes e/ou ao Estado passassem a cuidá-los. Entretanto, ao mesmo tempo em que a família era incumbida de cuidar do corpo e da vida dos filhos, dando-lhes atenção contínua e intensa, pedia-se que ela modelasse suas formas de cuidar desse corpo, seus critérios, suas intervenções, suas decisões, com base em saberes médicos, isto é, que a relação entre pais e filhos fosse racionalizada e perpassada por uma disciplina médica.[1]

Para que essa disciplina médica fosse aceita e até mesmo solicitada pelos pais, colocaram-se em circulação discursos de que os pais, por desconhecimento, erravam na criação dos filhos, porém desejavam-lhes aquilo que a higiene dizia ser o melhor para o seu desenvolvimento. Esse estigma da incompetência, essa falta de conhecimento sobre o cuidado adequado das crianças eximia os pais da punição legal, mas não da correção. Essa "[...] passou a apresentar-se e a exercer-se como necessária ao próprio bem do infrator" (COSTA, 1989, p. 71).

---

[1] Cabe ressaltar que, de acordo com Klaus (2004), as intervenções nas famílias foram dadas em dois polos distintos: o polo da medicina doméstica e o polo da economia social. Este último diz respeito a uma intervenção nas famílias populares, totalmente diferente da intervenção nas famílias burguesas

A apropriação médica da infância, portanto, fez-se em torno de uma série de manobras que mostravam o desconhecimento dos pais como ameaça à saúde, quando não à própria vida dos filhos, para em seguida ensinar-lhes a maneira adequada de protegê-los. Os pais, sentindo-se impotentes, recorriam aos médicos, que tentavam apresentar-se como úteis e necessários à sanidade de todos os membros da família e, em especial, das crianças.

Cabe destacar, no entanto, que a ordem médica não se limitava a acusar os pais de relapsos ou irresponsáveis na educação higiênica dos filhos. "Não havia uma pura e simples abolição de condutas nocivas. Pelo contrário, o fundamental era a descoberta de funções latentes, de virtualidades escondidas que deveriam ser trazidas à luz pela mão dos médicos" (COSTA, 1989, p. 73). A medicina, como padrão regulador do comportamento da família, redefiniu as formas de convivência íntima, assinalando a cada um de seus membros novas funções, o que significa que, para além de abolir o comportamento inaceitável da família, se produziram novas características corporais, sentimentais e culturais.

Foi através dessa pedagogia higiênica em torno do corpo infantil que se atingiram os adultos, uma vez que os pais se disciplinavam para dar bom exemplo aos filhos. De acordo com Costa (1989, p. 175), "[...] o interesse pelas crianças era um passo na criação do adulto adequado à ordem médica". A intervenção médica, ao dizer dos segredos da vida e da saúde infantil, ao mesmo tempo prescrevia como os adultos deveriam comportar-se. "Na família higiênica, pais e filhos vão aprender a conservar a vida para poder colocá-la a serviço da nação" (COSTA, 1989, p. 173).

Em nome desse projeto social, diante da impossibilidade de o médico permanecer o tempo todo assistindo a família, propôs-se uma aliança entre o médico e a mãe. O primeiro tinha como função dar conselhos à mãe, ensinando-lhe as regras de higiene e saúde que deveria respeitar e seguir em benefício de si mesma e dos outros, principalmente dos seus filhos. Em contrapartida, caberia à mãe colocar esses conselhos em prática, ou seja, desde que fosse aconselhada pelo médico, sujeito do gênero masculino que tinha a legitimidade do saber, a mãe poderia assegurar cuidados mais constantes sobre o corpo infantil. De acordo com Rago (1997, p. 62), a mulher deveria

> [...] atentar para os mínimos detalhes da vida cotidiana de cada um dos membros da família, vigiar seus horários, estar a par de todos os pequenos fatos do dia-a-dia, prevenir a emergência de qualquer sinal de doença ou do desvio.

Essa aliança tornou-se proveitosa tanto para o médico quanto para a mãe. O médico, com a ajuda da mãe, rompeu com a prática da "medicina popular de comadres", em que nutrizes compartilhavam e colocavam em prática saberes considerados "não científicos" sobre o corpo feminino e infantil. Ao fazer isso, o médico garantiu seu prestígio e colocou em circulação um saber legitimado, emergindo de um discurso profissional da medicina, que não deixa de ser um discurso masculino. A mulher, por sua vez, ganhou *status* de mãe, nutriz, protetora e cuidadora do corpo infantil, passando a exercer outras relações de poder na família. Enquanto o pai "[...] deveria responsabilizar-se pela proteção material do filho [...], a mulher ganhava um papel autônomo no interior da casa, o de iniciadora da educação infantil" (RAGO, 1997, p. 170).

O discurso médico, ao destacar que a mulher tinha, em sua natureza, inclinações para os cuidados com a infância e com a família, conferiu-lhe valorização dentro do lar, fazendo com que ela se reconhecesse nesse espaço. Em contrapartida, esse mesmo discurso privilegiava o papel dos homens no espaço público, ao julgar que qualquer outra atividade feminina que não fosse a do lar consistia num desperdício físico de energias e, portanto, era uma atividade subordinada e desviante.

Recorrendo ao incentivo ao aleitamento materno natural e à condenação da amamentação feita por nutrizes, o poder médico formulou todo um discurso, em meados do século XIX, de valorização do papel da mulher como mãe, "dona de casa" e "guardiã do lar". Ao dizer que amor de mãe é sinônimo de amamentação, ou seja, que não amamentar significava desamor à prole, os médicos propunham que as mulheres fossem convencidas de que "nasceram para ser mães" e aconselhadas dos perigos que seus filhos poderiam sofrer se mal alimentados, ou alimentados longe do seio materno. Além de apontarem a ameaça do contágio físico da criança amamentada por outra mulher que não sua mãe, os médicos criticavam a prática de confiar os filhos a nutrizes também a partir do ângulo moral:

> [...] a nutriz surge neste discurso 'científico' como pessoa de hábitos duvidosos, impregnada de vícios, como elemento estranho pernicioso penetrando e destruindo a intimidade da família. [...]. A partir desta figura da anormalidade é que se constrói a imagem da boa mãe; daí o papel moralizador da nova figura materna proposta pelo discurso médico como a 'guardiã' vigilante do lar. (RAGO, 1997, p. 78)

Diante desse quadro, arrisco-me a fazer duas afirmações: primeiro, que a proliferação discursiva em torno da importância de as mães alimentarem os próprios filhos se constituiu numa brecha para a intervenção médica no interior da família, redefinindo as funções de cada um de seus membros; segundo, que artifícios, como a produção do medo diante da doença, o "gosto pela vida", a culpabilização da mãe por expor seus filhos a perigos e o convencimento de que ser mãe e amamentar eram "vocações naturais" da mulher, funcionaram como estratégias de governamento que convidavam a mulher a olhar para si própria, pensar sobre sua conduta, julgar-se e se autodisciplinar.

É possível perceber que o discurso em torno da importância da amamentação acabou por instituir um novo modelo normativo feminino e convencer a mulher a sujeitar-se a ele. Conforme Costa (1989), essa pressão da higiene em favor da amamentação, do modelo de mãe amorosa que alimenta seu filho, tinha outros objetivos além de proteger a vida das crianças:

> [...] a nosso ver, a mãe deveria compulsoriamente amamentar porque esta tarefa, além de proteger a vida dos filhos, regulava a vida da mulher. A mulher que não amamentasse isentava-se, automaticamente, de uma ocupação indispensável à redefinição de seu lugar no universo disciplinar. (Costa, 1989, p. 258)

Vista desse modo, a questão do aleitamento materno ganha outra dimensão. Ela possui também objetivos disciplinares – ocupar o tempo ocioso da mulher e fazê-la utilizar esse tempo de maneira higiênica. Isso porque, com a urbanização, a casa perdeu seu caráter de pequena empresa, e a mulher, que estava sempre ocupada com atividades relacionadas à provisão de alimentos, roupas e utensílios domésticos, passou a ter muito tempo livre e ocioso. "Amamentar era uma maneira de levá-la a preencher o tempo com uma tarefa útil e absorvente, livrando-a dos perigos do ócio e dos passatempos nefastos à moral e aos bons costumes familiares" (Costa, 1989, p. 258-259).

Para os higienistas, as mulheres não deveriam extravasar as fronteiras do doméstico. Entretanto, essa condução da mulher ao lar não deveria gerar tensões. Não era conveniente realçar a "incompetência" da mulher para as atividades que fugiam do círculo doméstico, nem ao menos sua "inferioridade" com relação aos homens, uma vez que ela poderia vir a sentir o médico como inimigo, ao invés de aliado. Era preciso salientar suas qualidades, mostrar aquilo que somente ela era capaz de fazer, ou seja, convencê-la a deixar de lado as ocupações profissionais e intelectuais em nome da "nobre" função de cuidar e amamentar seus filhos. Tudo o que a mulher tinha a fazer era compreender a importância de sua missão como mãe.

Posto isso, é possível dizer que a promoção desse modelo de feminilidade, voltado para o doméstico e para a maternidade, constituiu-se numa peça importante no jogo de gerenciamento da família e, por conseguinte, no nascimento da família nuclear moderna. Num momento em que crescia o cuidado com a saúde e a obsessão contra micróbios, sujeira e doenças contagiosas, a mulher vigilante, atenta à saúde das crianças e do marido, tornou-se parte responsável pela felicidade da família e pela higiene do lar, já que a casa era considerada o lugar privilegiado para a formação do caráter da criança, para a constituição da conduta da nova força de trabalho que iria garantir o engrandecimento da nação (COSTA, 1989).

Para manter a higiene do corpo, da casa, da educação, em prol da saúde, a família, que na Idade Média era vista como uma teia de relações sociais, em um sistema de parentesco ou transmissão de bens, tornou-se um aparelho restrito, saturado, permanente e localizado de formação do corpo infantil. Assistiu-se ao fechamento da família e à invenção de uma família nuclear constituída por pais e filhos, o que se tornou o agente mais constante de medicalização dos indivíduos. Falo de uma família "medicalizada e medicalizante" que possibilitou a articulação da "boa saúde" do corpo social com o desejo ou necessidade da "boa saúde" do indivíduo. Pouco a pouco, a medicina "[...] suscitou o interesse do indivíduo por sua própria saúde. Cada habitante tornou-se seu próprio almotacé e, em seguida, almotacé[2] de sua casa e da vizinhança [...]" (COSTA, 1989, p. 30). Entretanto, de acordo com Fonseca (1997, p. 133),

> A história nos ensina quão difícil foi a implantação do modelo nuclear burguês entre os pobres europeus. As medidas coercitivas de enclausuramento dos séculos XVIII

---

[2] De acordo com Aurélio Buarque de Holanda Ferreira (1989), almotacé refere-se ao antigo inspetor de pesos e medidas que, na Idade Média, era encarregado de fixar o preço dos mantimentos, vigiar as atividades, assegurar o abastecimento do mercado e, entre outras coisas, zelar pela limpeza urbana.

e XIX visaram sanear a rua, retirando mendigos, órfãos e prostitutas do espaço público para confiná-los em instituições. Mas, na realidade, nada adiantaram antes do século XX [...].

Sendo assim, a necessidade de educar e preservar as crianças para o futuro fez com que a família experimentasse um processo de enclausuramento, em que se afastou das antigas sociabilidades, como as ruas e a extensa rede de parentela, para investir na privacidade do "lar, doce lar".

Para continuar pensando...

O exercício que fiz até aqui foi mostrar como historicamente vejo a família sendo enredada em estratégias de governamento, buscando pela recorrência de práticas em torno de uma *política da saúde* que, no século XVIII, atuou na produção de uma família medicalizada e medicalizante. De agora em diante, o que tento fazer é olhar para as práticas que atualmente produzem o gerenciamento da família (embora haja outras estratégias); de forma mais específica, tento considerar como a tão desejada aliança família/escola pode funcionar como uma sutil e eficiente estratégia de governamento. E mais: ao pensar a inclusão para além do recorte da deficiência, considerando que todos vivemos momentos de in/exclusão, dependendo das relações que estabelecemos e das posições que ocupamos na rede social, proponho problematizar algumas práticas que, ao "incluírem" as famílias nas atividades escolares, trabalham no sentido de gerir a todos e a cada um em particular.

Conforme analisei em outro momento (SILVA, 2007), tendo como material de pesquisa fotografias produzidas por professores de uma escola municipal da Região Metropolitana de Porto Alegre/RS que registram a participação da família em atividades escolares, bem como narrativas da diretora da escola sobre os acontecimentos ali capturados, pude perceber a recorrência de enunciados que mostram a escola atuando no sentido de gerenciar as práticas familiares através da pedagogização da mulher. Para esse momento, entre as várias fotografias em que é possível ver a recorrência de enunciados sobre o investimento na saúde da família como forma de gerenciar suas práticas, escolhi trazer para este texto recortes da análise de duas delas.

Nessas fotografias, as famílias – e aqui, de modo especial, as mulheres, já que nas fotografias são elas que ocupam o lugar de aprendentes quando os assuntos se referem ao lar, ao cuidado com os filhos, à taxa de natalidade, ao sexo, à alimentação, à saúde – são, nas palavras de Klaus (2004, p. 155), "[...] instrumentalizadas de forma a adquirirem uma certa *expertise*, sobre a educação e o desenvolvimento das crianças".

Por via da intervenção sobre o corpo infantil, estabelece-se um controle mais direto sobre as famílias e seus possíveis desvios, já que elas devem dar bons exemplos aos filhos e assegurar a continuidade do processo desencadeado pela escola. Assim, é possível dizer que há um investimento na criança, mas também há um investimento no adulto.

A diretora da escola, ao descrever uma fotografia produzida em 2005 que registra uma palestra sobre sexualidade para mulheres cujos filhos frequentavam a escola, informou-me que a palestra fora ministrada por enfermeiras, tendo como temas *doenças sexualmente transmissíveis* e *modos de cuidar da higiene e da amamentação das crianças*, por dois motivos: primeiro, porque na Vila, além de serem muitos os casos de AIDS (embora, de acordo com a diretora, não houvesse dados estatísticos), também havia um índice alto na taxa de natalidade; segundo, porque algumas mães não costumavam cuidar bem de seus filhos, que, na maioria das vezes, se encontravam sujos ou mal alimentados.

É possível perceber, através da narrativa da diretora, a preocupação da escola em falar sobre a sexualidade das mulheres, apoiando-se em alguém de fora, a enfermeira, que tem conhecimentos científicos sobre o assunto e, portanto, legitimidade para falar dele. Enfim, conta-se com os saberes dos *experts*, que, ancorados em conhecimentos científicos, ensinam as mulheres a assumirem o cuidado de si e de seus filhos, bem como a controlar o próprio sexo.

Todo esse processo de incitação discursiva sobre o sexo decorre da necessidade de regulá-lo por meio de discursos úteis e públicos, já que se quer saber o que se passa com o sexo da população, o uso que ela faz dele e a capacidade dos indivíduos de controlar sua prática, ou seja, "[...] cumpre falar do sexo como de uma coisa que não se deve simplesmente condenar ou tolerar, mas gerir, regular para o bem de todos, fazer funcionar segundo um padrão ótimo" (FOUCAULT, 1993, p. 27). Nesse cenário, é possível dizer que a mulher é vista como capaz de gerir o seu sexo para evitar a proliferação de doenças sexualmente transmissíveis, controlar a taxa de natalidade e garantir o planejamento familiar. Ela é convidada a manter constante vigilância sobre si mesma e sobre membros de sua família, no intuito de identificar, prevenir, gerenciar, tomar precauções diante de crises e problemas que possam surgir associados às práticas sexuais.

Ao gerir o sexo das mulheres através de práticas ao mesmo tempo individuais e coletivas, a escola produz sujeitos autogovernáveis, participando decisivamente da constituição, organização e manutenção da ordem social. Digo isso porque, num Estado governamentalizado, em que os elementos decisivos se baseiam cada vez mais nos homens e nas suas relações, "[...] a arte de governar a si próprio se torna um fator político determinante" (FOUCAULT, 2005, p. 96).

As práticas que primam pelo cuidado de si têm a função de "[...] operadores que permitem aos indivíduos interrogar-se sobre sua própria conduta, velar por ela, formá-la e moldar a si mesmos como sujeitos [...]" (FOUCAULT, 2004a, p. 200). Com isso, atribui-se ao indivíduo a capacidade de ser agente regulador de sua vida sexual, de negociar o sexo seguro com o parceiro, de decidir quando terá seus filhos, de evitar o contágio de doenças sexualmente transmissíveis, de se autogovernar, de cuidar de si próprio.

Na mesma fotografia, há a presença do coordenador pedagógico da escola segurando uma boneca que será usada, pelas enfermeiras, para ensinar as mães a higienizar o corpo das crianças e a amamentá-las. Essa cena, embora com outras configurações, remete-me a aspectos trazidos anteriormente, quando falava da intervenção médica no século XVIII, como a forma de as mães cuidarem de seus filhos e a importância dada ao aleitamento materno.

Marcello (2005, p. 206) chama-nos a atenção para o fato de que, se a maternidade

> [...] ganha destaque e formas de visibilidade e enunciação tão perspicazes e recorrentes em nosso tempo, [...], não é porque ela é "poderosa" ou porque se constitui naturalmente como fato importante, mas justamente porque articula em torno de sua função esferas de outra ordem: da criação dos filhos, do controle do corpo e da alma da mulher, da maternagem das crianças, etc.

Segundo Meyer (2000), significações de "boa mãe" foram constituindo-se no século XVIII e até hoje são veiculadas e ressignificadas através de inúmeras práticas, posto que, por não serem naturais, precisam ser constantemente lembradas, produzidas e normalizadas. Tais práticas, desenvolvidas também pela escola, contribuem para a produção de determinados modos de ser mãe, fazendo com que olhemos e sejamos olhados, pois convidam-nos, envolvem-nos, ensinam-nos modos de existir, através de relações de poder que investem em nossa vida cotidiana, em nossa individualidade.

As mulheres, ao serem interpeladas por discursos que as ensinam como ser uma "boa mãe", olham para si próprias, se autoavaliam, determinam para si mesmas regras de conduta e buscam transformar-se de modo a atender a certos valores que imperam na sociedade. Com isso, quero dizer que a valorização e a legitimação de determinadas formas de exercício da maternidade ganham efeitos pedagógicos importantes, na medida em que ensinam às crianças como suas mães devem ser e, ao mesmo tempo, educam as mães para exercerem uma maternidade aceitável, necessária e útil para a escola.

Em outra fotografia, que registra uma palestra dada por uma nutricionista sobre como reaproveitar os alimentos e fazer vitaminas, é possível ver, novamente, a escola pedagogizando a família, usando uma especialista no assunto, a nutricionista, para dizer como deve alimentar-se de modo a manter sua saúde e, ao mesmo tempo, economizar, o que ocupa um lugar importante numa comunidade de periferia, onde o dinheiro é escasso. É a escola ensinando às mulheres – já que não vejo a presença do masculino nas fotografias analisadas – como podem produzir uma alimentação saudável para si e para sua família, reaproveitando os alimentos.

A escola, ao trazer a família para perto de si, onde a "vista a alcança", coloca em funcionamento pedagogias que atuam sobre os indivíduos de formas sutis e produzem atitudes, hábitos e modos de pensar que vão ao encontro de um projeto social que exige um tipo de sujeito "independente", que opere sobre si mesmo e que se "autogoverne". Há, de certa forma, um barateamento de custos para o Estado, uma vez que na escola, através de atividades coletivas, a família receberá noções de higiene, alimentação saudável, economia, prevenção de doenças, cuidado do corpo infantil. Tais práticas, em que o público atua sobre o privado dizendo como deve agir, permitem, ao mesmo tempo, o gerenciamento dos indivíduos e das populações, evitando uma série de doenças e desperdícios, o que vem a promover uma economia da máquina estatal.

Enfim, a prática de trazer a família para dentro da escola pode ser vista como uma estratégia usada "[...] para que não apenas se atue diretamente sobre as crianças, mas também para que se estabeleça um controle mais direto sobre as famílias e os desvios que possam estar aí ocorrendo" (BUJES, 2002, p. 136). Dito de outro modo, tal prática pode servir como condição para que a escola, ao incluir todas as famílias, gerencie a vida familiar.

Penso que a "inclusão" da família no universo escolar, além de servir, de certo modo, para a proliferação das práticas escolares, ou seja, para dar continuidade ao trabalho desenvolvido pela escola com as crianças no período em que estas se encontrarem longe dos seus olhos, também está implicada na produção de determinados modos de ser família. Ou será que tudo isso são coisas sem sentido, e a "inclusão" da família nas atividades escolares nada mais é do que o "louvável" desejo de promover a participação das famílias na vida escolar de seus filhos?

A provocação que faço ao término deste texto tem o intuito de problematizar algumas práticas tidas como naturais e tranquilas, o que não significa nos posicionarmos contra ou a favor, mas olhá-las com rigor e suspeita.

Referências

BUJES, Maria Isabel Edelweiss. *Infância e maquinarias*. Porto Alegre: UFRGS/PPGEDU, 2001. Tese (Doutorado em Educação) – Programa de Pós-Graduação em Educação, Universidade Federal do Rio Grande do Sul, Porto Alegre, 2001.

BUJES, Maria Isabel Edelweiss. *Infância e maquinarias*. Rio de Janeiro: DP&A, 2002.

COSTA, Jurandir Freire. *Ordem médica e norma familiar*. 3. ed. Rio de Janeiro: Edições Graal, 1989.

FERREIRA, Aurélio Buarque de Holanda. *Minidicionário Aurélio*. 2. ed. Rio de Janeiro: Editora Nova Fronteira. 1989.

FONSECA, Cláudia. Família e criança: leis e mediadores na sociedade de classe. In: DORA, Denise Dourado (Org.). *Feminino masculino: igualdade e diferença na justiça*. Porto Alegre: Sulina, 1997. p. 131-143.

FOUCAULT, Michel. *História da sexualidade 1: a vontade de saber*. 13. ed. Rio de Janeiro: Edições Graal, 1993.

FOUCAULT, Michel. *História da sexualidade 3: o cuidado de si*. 8. ed. Rio de Janeiro: Edições Graal, 2005.

FOUCAULT, Michel. *Microfísica do poder*. 20. ed. Rio de janeiro: Grall, 2004b.

FOUCAULT, Michel. O uso dos prazeres e as técnicas de si. (1983) In: FOUCAULT, Michel. *Ética, sexualidade, política*. Org. e seleção de textos Manoel Barros da Motta; Trad. Monteiro, Elisa; BARBOSA, Inês D. Rio de Janeiro: Forense Universitária, p. 192 – 217, 2004a. (Ditos e Escritos V).

FOUCAULT, Michel. *Os anormais*: curso no Collège de France (1974-1975). Trad. Eduardo Brandão. São Paulo: Martins Fontes, 2001.

KLAUS, Viviane. *A família na escola: uma aliança produtiva*. 2004. Dissertação (Mestrado em Educação) – Programa de Pós-graduação em Educação, Faculdade de Educação, Universidade Federal do Rio Grande do Sul, Porto Alegre, 2004.

MARCELLO, Fabiana. O conceito de dispositivo em Foucault: mídia e produção agonística de sujeitos maternos. *Educação & Realidade*. Porto Alegre: FACED/UFRGS, v. 29, n. 1, p. 199-213, jan./jun., 2004.

MEYER, Dagmar E. E. As mamas como constituintes da maternidade: uma história do passado? *Educação e Realidade*. Porto Alegre: FACED/UFRGS, v. 25, n. 2, p. 117-133, jul./dez. 2000.

RAGO, Margareth. *Do cabaré ao lar*: A utopia da cidade disciplinar: Brasil 1890-1930. 3. ed. Rio de Janeiro: Paz e Terra, 1997.

RAGO, Margareth. Libertar a história. In: RAGO, Margareth; ORLANDI, Luiz B. Lacerda; VEIGA-NETO, Alfredo (Orgs.). *Imagens de Foucault e Deleuze: ressonâncias nietzchianas*. Rio de Janeiro: DP&A, 2002. p. 255-272.

SILVA, Mara Marisa da. *Família na escola: olhando fotografias, lendo textos culturais*. São Leopoldo. Unisinos, 2007. Dissertação (Mestrado em Educação) – Programa de Pós-Graduação em Educação, Universidade do Vale dos Sinos, São Leopoldo, Rio Grande do Sul 2007.

Inclusão como prática política de governamentalidade[1]

Maura Corcini Lopes

Inclusão como prática política de governamentalidade – é sobre esse eixo que o presente texto se desenvolve. Para tanto, torna-se necessário argumentar que a educação, em seu sentido mais amplo, passa a ser uma condição para que pessoas possam operar com a lógica da inclusão em todas as suas ações. Além disso, entender a inclusão como conjunto de práticas que subjetivam os indivíduos de forma que eles passem a olhar para si e para o outro, sem necessariamente ter como referência fronteiras que delimitam o lugar do normal e do anormal, do incluído e do excluído, do empregado e do desempregado, etc., também é uma condição de entendimento das práticas educacionais diluídas na população.

Partindo-se do referencial foucaultiano, mais especificamente dos cursos *Segurança, território, população* e *Nascimento da Biopolítica que* Michel Foucault ministrou no Collège de France, busca-se olhar para o que constitui as políticas de inclusão atuais e não propriamente para as políticas em si. Para tal, alguns conceitos tais como inclusão, exclusão, norma, normalização,

---

[1] Partes desse texto estão publicadas na Revista Educação & Realidade. v. 35. n. 2. mar./jun. 2009.

(neo)liberalismo e governamentalidade, são importantes e serão desenvolvidos no decorrer do texto. Articulados a tais conceitos, serão trazidos mecanismos e técnicas de sujeição e de subjetivação para sustentar o argumento de que a inclusão e a exclusão são constituídas também no jogo econômico de um Estado neoliberal.

Neoliberalismo: as regras e as condições do jogo

Foucault, em seus últimos cursos no Collège de France, demonstra interesse pelo tema do liberalismo e do neoliberalismo. Ao colocar o Estado governamentalizado como uma das últimas formas de desenho de Estado moderno, mostra o interesse do Estado com a população, bem como a necessidade de governar-se racionalmente e de articular-se em torno de dispositivos de segurança (FOUCAULT, 2008b). Salienta que não se trata de pensar o liberalismo como uma ideologia e como forma de representação social. Trata-se de entender tanto o liberalismo quanto o neoliberalismo como conjuntos de práticas que constituem formas de vida, cada vez mais conduzidas para princípios de mercado e de autorreflexão, em que os processos de ensino/aprendizagem devem ser permanentes. O mercado é entendido como uma forma de definir e limitar as ações de governo, fazendo com que esse se coloque e se justifique diante da população e diante dos públicos que se formam no interior dela. Castro (2009) resume que, no curso *Nascimento da Biopolítica*, Foucault faz uma análise do liberalismo como racionalidade política no ordoliberalismo e do neoliberalismo americano da Escola de Chicago. Nas palavras de Castro (2009, p. 244),

> No primeiro caso, tratou-se de uma liberação do liberalismo dentro de um marco institucional e jurídico que oferecesse garantias e limitações da lei, isto é, que mantivesse a liberdade de mercado, mas sem produzir distorções sociais. No segundo caso, no entanto, encontramos um

movimento oposto. O neoliberalismo busca entender a racionalidade do mercado como critério para além do domínio da economia (à família, a natalidade, a delinquência ou a política penal).

Foucault, em seus estudos, dedica menos atenção a pensar o neoliberalismo norte-americano do que dedicou a pensar o ordoliberalismo alemão. Sem entrar nos detalhes dessas discussões, a intenção de aqui mencionar tais formas de racionalidade está na localização dos leitores na ampla – e ainda desconhecida por muitos – inserção de Foucault nas análises das práticas que instituíram o (neo)liberalismo. A intenção em trazer esses assuntos também é a de poder estabelecer uma relação entre o neoliberalismo norte-americano com este que vivemos no Brasil, mais especificamente com a noção de expansão do Estado brasileiro. Expansão no sentido de o Estado estar cada vez mais onipresente, articulado às relações de mercado, sendo investidor em políticas que frisam a importância do empresariamento de si, incentivador de políticas sociais de assistência, educacionais e inclusivas e mais voltado para o *Homo oeconomicus*.[2]

Dentro do neoliberalismo, como forma de vida do presente, certas normas são instituídas não só com a finalidade de posicionar os sujeitos dentro de uma rede de saberes, como também de criar e conservar o interesse em cada um em particular, para que se mantenha presente em redes sociais e de mercado. Todos estamos, de uma maneira, sendo conduzidos por determinadas práticas e regras implícitas que nos levam a entrar e a permanecer no jogo econômico do neoliberalismo. É possível apontar pelo menos duas grandes regras que operam nesse jogo do neoliberal.

A primeira regra é manter-se sempre em atividade. Não é permitido que ninguém pare ou fique de fora, que ninguém deixe de se integrar nas malhas que dão sustentação aos jogos

---

[2] Conceito trabalhado ao final deste texto.

de mercado e que garantem que "todos", ou a maior quantidade de pessoas, sejam beneficiados pelas inúmeras ações de Estado e de mercado. Por sua vez, Estado e mercado estão cada vez mais articulados e dependentes um do outro, na tarefa de educar a população para que ela viva em condições de sustentabilidade, de empresariamento, de autocontrole, etc.

A segunda regra é a de que todos devem estar incluídos, mas em diferentes níveis de participação, nas relações que se estabelecem entre Estado/população, públicos/comunidades e mercado.[3] Não se admite que alguém perca tudo ou fique sem jogar. Para tanto, as condições principais de participação são três: primeiro, *ser educado em direção a entrar no jogo;* segundo, *permanecer no jogo (permanecer incluído);* terceiro, *desejar permanecer no jogo.*

Na sociedade de seguridade – ou como muitos também a denominam: sociedade de controle –, o processo de educação deve ser continuado, ultrapassa um mínimo obrigatório e a própria institucionalização do ensino. Aprende-se sem que necessariamente se parta de uma ação de ensino reconhecida como tal, ou seja, rompemos com o vínculo entre ensino e a aprendizagem, cada vez mais tomado como natural no campo da Pedagogia. Nem mesmo a forma de grafar "ensino-aprendizagem" poderia ser mantida, pois "frisa um binarismo reducionista em que o segundo termo aparece subjugado ao primeiro [...] o aprendiz está, nessa vinculação, condicionado àquele que ensina, dependente do outro que ocupa um lugar de saber [...]" (LOPES, 2006a, p. 35).

Movimentamo-nos da escola, obrigatória e fortemente constituída por práticas típicas de uma sociedade disciplinar, para a empresa, cada vez mais constituída por práticas de con-

---

[3] As técnicas biopolíticas são direcionadas à vida de todos e de cada um. Objetivam regular a vida ameaçada pela doença, pelo desemprego, pela miséria, pela velhice, pela deficiência.

trole e menos marcada por práticas disciplinares, como era o caso da fábrica, onde se colocam em movimento muitos *mecanismos educadores*. Tais mecanismos não são propriamente pedagógicos, mas sim educadores, na medida em que não há uma intencionalidade (pedagógica) naquilo que fazem; eles simplesmente educam a partir daquilo que mobilizam nos indivíduos. Os *mecanismos educadores* integram maquinarias diferenciadas, não possuem necessariamente uma relação entre mecanismos, mas obrigatoriamente possuem ligação com a forma de vida que os criam como uma necessidade na educação das pessoas. É fundamental que aprendamos nesses movimentos o necessário para que possamos garantir, por nós mesmos, as condições para estarmos e permanecermos dentro de redes produtivas que se mantêm sob uma base de trabalho seja material, seja imaterial.

Permanecer no jogo (permanecer incluído) – essa é a segunda condição de participação. A inclusão, via políticas de inclusão escolares, sociais, assistenciais e de trabalho, funcionam como um dispositivo biopolítico a serviço da segurança das populações. Ao estarem incluídas nos grupos, nos registros oficiais, no mercado de trabalho, nas cotas de bolsa-assistência, na escola, etc., as pessoas tornam-se alvos fáceis das ações do Estado. Trata-se de ações que visam conduzir as condutas humanas dentro de um jogo com regras definidas, no interior dos distintos e muitos grupos sociais. Tais regras não engessam as relações nem mesmo a participação variada da população e dos indivíduos em cada ação em que se mobiliza ou é mobilizada.

Desejar permanecer no jogo. Essa é a terceira condição de participação. É o desejo que faz com que ninguém fique de fora; é ele que mobiliza os jogadores a quererem que seus pares continuem jogando. Não se trata de preocupação, qualificação e cuidado com o outro; trata-se, sim, da necessidade da permanência do outro. Para que a permanência do outro se mantenha, até mesmo para sustentar as redes de trabalho, a capacidade de consumir deve estar instalada. Para isso, as ações do Estado, quando esse opera em consonância com uma lógica de mercado, devem ser desencadeadas para que mesmo aqueles que não possuem formas de gerar o próprio sustento consigam recursos para girar, mínima e localmente, uma rede de consumo.

Foucault (2007b), ao escrever sobre o neoliberalismo e ao colocar que o ponto comum existente entre o econômico e o social é a regra da não exclusão, possibilita a compreensão da inclusão como um imperativo neoliberal para a manutenção de todos nas redes do mercado. Ao citar Giscard, o filósofo explica que aquilo que caracteriza a economia de mercado é a existência de regras do jogo que permitem decisões não centralizadas e comuns para todos. Nas palavras de Foucault (2007b, p. 241), "entre a regra da competência da produção e a de proteção do indivíduo, é preciso estabelecer 'um jogo particular' para que nenhum jogador corra o risco de perder tudo". O não perder tudo e o fazer tudo para que o outro não saia do jogo são fundamentais para que seja assegurada a continuidade do jogo.

Exclusão/inclusão: composições de um mesmo jogo

> [...] as instituições que garantem o acesso e o atendimento a todos são, por princípio, includentes, mesmo que, no decurso dos processos de comparação e classificação, elas venham a manter alguns desses "todos" (ou muitos deles...) em situação de exclusão. Isso significa que o mesmo espaço considerado de inclusão pode ser considerado um espaço de exclusão. Conclui-se que a igualdade de acesso não garante a inclusão e, na mesma medida, não afasta a sombra da exclusão. (VEIGA-NETO; LOPES, 2007, p. 958)

"Exclusão" é uma palavra que tem sido amplamente utilizada em campanhas políticas e em práticas de assistência, em discursos acadêmicos de distintas áreas do saber, em campanhas de saúde pública e, talvez principalmente, em políticas educacionais. Ela está quase sempre associada aos analfabetos, às pessoas com deficiência, aos doentes mentais, àqueles que não conseguiram aprender na escola, aos alunos matriculados em escolas especiais e regulares – mas que não aprendem –, aos meninos de rua, aos velhos abandonados, aos pobres e às minorias em geral. Ela está associada também, à própria noção de crise,[4] como estado característico da contemporaneidade.

A heterogeneidade dos usos da exclusão, a focalização da atenção na exclusão e nos excluídos, a criação de políticas de assistência, a delimitação de zonas de exclusão e de excluídos, a criação de medidas sociopolíticas paliativas e pontuais para se lutar contra a exclusão retiram da questão a potência política na atualidade. Ao olharmos para a exclusão unicamente pelo viés do Estado, fazemos dela um tema útil e produtivo para as práticas de assistencialismo, para as explorações que já se consolidaram no Estado, para a sensação de insegurança, medo e crise em que vivemos.

Ao se chamar a atenção para a multiplicidade e a banalização política implicada nos muitos usos da palavra "exclusão", objetiva-se marcar que nem todas as práticas ditas de exclusão podem ser denominadas como tal. Portanto, nem todas as práticas ditas de exclusão podem ser conduzidas pelas ações de Estado, nem mesmo caracterizadas por tais ações, da mesma forma que outras.

Na linha das medidas preventivas para se abordar a exclusão, Castel (2007, p. 42) lembra que, total ou parcialmente, definitiva ou provisória, "a exclusão, no sentido próprio da palavra, é sempre o desfecho de procedimentos oficiais e representa um verdadeiro *status*. É uma forma de discriminação negativa

---

[4] Refiro-me à crise não como uma situação passageira, como algo exclusivo do nosso presente, mas como uma situação permanente, uma forma de estar e de se relacionar no mundo que é a própria modernidade (BAUMAN, 2001; VEIGA-NETO, 1995).

que obedece a regras estritas de construção". Mesmo sabendo que se trata de um processo construído sob regras estritas e historicamente produzidas, parece que a mídia, as pesquisas e a militância nas diferentes esferas políticas não observam as redes que engendram historicamente tal processo. Na maior parte das situações em que vemos aplicado hoje o conceito de exclusão, está-se falando de outra coisa, ou seja, de vulnerabilidade, de expurgação, expulsão, precarização e marginalização, mas não propriamente de exclusão.

Atribuir à exclusão os múltiplos sentidos ligados à privação da população de direitos conquistados enfraquece a questão e a obscurece politicamente. Lógicas distintas estão em circulação, e usamos para nomeá-las uma mesma expressão – "exclusão". Castel (2007) afirma que uma lógica, a da exclusão, acontece por discriminações oficiais e que a outra, a de marginalização, de precariedade, de expurgação, etc., acontece em processos de desestabilização por marginalização, por degradação das condições de trabalho e de sociabilidade.

Fazer tal distinção neste texto é importante porque, na sequência da argumentação, se tentará mostrar que as políticas de assistência que proliferam no Brasil contribuem para que situações de marginalização e degradação das condições básicas de vida não se transformem em exclusão social. O que é preciso fazer, nesse ponto, é problematizarmos os usos que se fazem das palavras *exclusão* e *excluídos*.

Olhando-se sociológica e politicamente para a questão e tomando-se uma posição teórica mais radical, excluídos são aqueles que escapam a qualquer estatística do Estado, que escapam de atendimentos previdenciários e/ou de assistência, que são despejados de seus territórios para serem colocados em lugar algum, que aguardam em asilos o desfecho de sua vida, que vivem em espaços onde a sua presença não implica mudança nem do espaço nem das relações que nele se estabelecem; enfim, excluídos são todos aqueles que, pelo seu caráter de invisibilidade, não perturbam, não mobilizam, não alteram a rotina do mundo (CASTEL, 2007). Para resumir, se considerarmos de forma mais radical o termo "excluído", estaremos nos referindo àqueles que não são capturados pelo sistema e serviços do Estado, embora estejam capturados pela governamentalidade do Estado. Não são capturados simplesmente porque são invisíveis. Invisíveis não porque não são vistos nas ruas, mas por estarem capturados pela governamentalidade, não causam problemas, não geram ruídos, não perturbam a ordem estabelecida para a população.

Além desse sentido mais radical para a palavra "excluído", há outros utilizados cotidianamente em diferentes esferas públicas. Trata-se de usos mais abrangentes e previstos em uma curva com gradientes diferenciados de normalidade. Tais gradientes, criados a partir do estabelecimento do normal, apontam o anormal e a necessidade de se falar de exclusão e, por decorrência, de inclusão.

Em grandes centros urbanos, a palavra "exclusão" está associada com expurgação. Trata-se de um tipo de exclusão que decorre dos despejos humanos de territórios habitados e não autorizados. Despejos humanos feitos por prefeituras que, para "limpar" suas cidades do que é indesejado, expurgam as pessoas sem que elas tenham para onde ir e nem mesmo condições mínimas de sobrevivência. O que é expurgação de pessoas de determinado espaço acaba se transformando em exclusão em outros. "A descartabilidade torna-se uma ameaça, um risco à segurança e à ordem, mas, ao mesmo tempo, uma condição de possibilidade para que políticas neoliberais se consagrem como forma de organização social e econômica" (LOPES, 2006b, p. 209).

Embora a exclusão por invisibilidade seja uma possibilidade cada vez mais remota – graças ao incremento das políticas públicas de inclusão –, permanece ainda uma situação de risco social. Isso é assim na medida em que as políticas públicas de inclusão – que, com suas bolsas assistenciais, acabam transformando os "excluídos invisíveis" em "excluídos anormais" – não garantem mudanças efetivas e permanentes para a população.

Norma – normação, normalização e políticas de assistência como política de inclusão

Como nos ensinaram Georges Canguilhem, Michel Foucault, François Ewald e vários outros, todos – normais e anormais – estão na norma, previstos pela norma, ao abrigo da norma. Toda e qualquer norma traz consigo a necessidade de classificação, ordenamento e hierarquização. Como uma medida e um princípio de comparabilidade, a norma opera a fim de incluir todos segundo determinados critérios que são construídos no interior e a partir dos grupos sociais. Prescritivamente, ela age na homogeneização das pessoas; ela age na definição de um modelo geral prévio diante do qual todos devem ser referidos. Ewald (1993, p. 86) explica que a norma opera como "um princípio de comparação, de comparabilidade, de medida comum, que se institui na pura referência de um grupo a si próprio a partir do momento em que só se relaciona consigo mesmo". Nas sociedades disciplinares, a norma é o que se estabelece primeiro; a partir dela, demarcam-se o normal e o anormal. Foucault (2008), na aula de 25 de janeiro de 1977 – 1978 do curso *Segurança, território, população*, afirma que, nas técnicas disciplinares, a operação se trata muito mais de uma normação do que de uma normalização. Na aula, creio que com uma preocupação pedagógica, Foucault pergunta-se o que seria, no contexto da sociedade disciplinar, a normalização. Para estabelecer a distinção entre normação – ação típica de uma sociedade disciplinar – e normalização – ação típica de uma sociedade de seguridade –, o autor dá o exemplo da varíola e da variolização no século XVIII. Mostra que há taxas mais elevadas de mortalidade, de incidência da doença em alguns grupos que, por condições de vida e faixa etária, ficam mais expostos à doença. Com esse cálculo, explicita que há índices de mortalidade que são normais para alguns grupos. Explicita também a necessidade de desmembrar as condições que delimitam a normalidade e que definem as normalidades mais desfavoráveis e desviantes em relação à distribuição normal.

Em um sistema inverso das disciplinas, é possível ter a identificação do normal e do anormal, bem como das diferentes curvas de normalidade. O que vamos denominar de operação de normalização vai consistir em "fazer essas diferentes distribuições de normalidade funcionarem umas em relação às outras [...]. A norma está em jogo no interior das normalidades diferenciais. O normal é que é o primeiro, e a norma se deduz dele [...]" (FOUCAULT, 2008a, p. 83).

Nas operações de normalização – que implicam tanto trazer os desviantes para a área da normalidade, quanto naturalizar a presença de tais desviantes no contexto social onde circulam –, devem ser minimizadas certas marcas, traços e impedimentos de distintas ordens. Para isso, vê-se a criação, por parte do Estado, de estratégias políticas que visam à normalização das irregularidades presentes na população. Entre as estratégias criadas para que a normalidade se estabeleça dentro de quadros em que surge a ameaça do perigo, é possível citar a criação de políticas de assistência e de políticas de inclusão social e educacional, entre outras. Ambas, ao fim e ao cabo, podem ser vistas como ações inclusivas que visam a trazer para a normalidade partes da população ameaçadas pela miséria, pela doença, pela deficiência, pela falta da previdência, pela falta da escola, etc.

Diferentemente das políticas de previdência, as políticas de assistência e proteção social visam a atingir todos aqueles que necessitam de auxílio e que não fizeram contribuição prévia que garanta a provisão da sua proteção. Nesse caso, encontra-se um número significativo e crescente da população brasileira. Com vistas a controlar quem e quantos são, bem como onde estão os indivíduos que necessitam de assistência, são mantidos sistemas de levantamento das condições de vida dessa parte da população. Diante da demanda histórica pela assistência e proteção do Estado, o governo de Lula, por exemplo, propôs criar formas de contabilizar essa população, ou seja, criar outros critérios para tal levantamento que sejam calcados em uma política "inovadora de inclusão". Nessa política de assistência, lê-se:

> [...] uma visão social inovadora que traga consigo a dimensão ética em incluir 'os invisíveis', os transformados em casos individuais, enquanto de fato são parte de uma situação social coletiva; as diferenças e os diferentes, as disparidades e desigualdades.
>
> – Uma visão social de proteção, o que supõe conhecer os riscos, as vulnerabilidades sociais a que estão sujeitos, bem como os recursos com que contam para enfrentar tais situações com menor dano pessoal e social possível. Isto supõe conhecer os riscos e as possibilidades de enfrentá-los.
>
> – Uma visão social capaz de captar as diferenças sociais, entendendo que as circunstâncias e os requisitos sociais circundantes do indivíduo e dele em sua família são determinantes para sua proteção e autonomia. Isto exige confrontar a leitura macro social com a leitura micro social.
>
> – Uma visão social capaz de entender que a população tem necessidades, mas também possibilidades ou capacidades que devem e podem ser desenvolvidas. Assim, uma análise de situação não pode ser só das ausências, mas também das presenças *até mesmo como desejos em superar a situação atual.*
>
> – Uma visão social capaz de identificar forças e não fragilidades que as diversas situações de vida possuam (BRASIL, 2004, p. 6).

Marcadamente, a inclusão aparece na política como determinante que orienta a própria necessidade de sua criação. Cabe-lhe abranger todos aqueles que a previdência deixa sem cobertura. Orientadas pela *pessoa*, pela *família* e pelas *circunstâncias que envolvem ambas* – a família e a pessoa –, as ações de assistência e proteção são feitas mediante o levantamento de cada indivíduo de uma população. As condições de vida de cada um precisam ser conhecidas e avaliadas para que os perigos que o cercam possam estar sendo medidos e transformados em riscos calculáveis e, assim, evitáveis. Relacionar cada pessoa às suas condições pressupõe, entre outras coisas, relacioná-la ao seu território. Sendo, no Brasil, o território municipal a menor esfera administrativa de governo, cada município torna-se uma unidade da política federal. Cada município é entendido como um parceiro no levantamento, acompanhamento e controle dos riscos sociais já anunciados, bem como na busca de outros parceiros em instituições não governamentais, para que o projeto de assistência se efetive.

> [...] ao agir nas capilaridades dos territórios e se confrontar com a dinâmica do real, no campo das informações, essa política inaugura uma outra perspectiva de análise ao tornar visíveis aqueles setores da sociedade brasileira tradicionalmente tidos como invisíveis ou excluídos das estatísticas – população em situação de rua, adolescentes em conflito com a lei, indígenas, quilombolas, idosos, pessoas com deficiência. (BRASIL, 2004, p. 6)

Na direção do reconhecimento da população valendo-se da instância municipal, demandam-se pesquisas para que seja possível mapear e conhecer a dinâmica demográfica e socioeconômica associada aos processos, também dinâmicos, de in/exclusão social e de vulnerabilidade aos riscos pessoais e sociais apresentados em distintas regiões do País.

A vertente que se orienta pela família permite uma otimização do levantamento dos dados, já que possibilita o levantamento de cada núcleo domiciliar. Dentro de um núcleo familiar, um zela e vigia o outro, um contribui com o pouco que recebe para a manutenção do todo familiar. Tal distribuição de recursos permite cada vez mais uma espécie de presença ausente de um tipo de Estado ocupado com as mudanças efetivas das condições de vida da população.

Conforme a Política de Assistência e Proteção Social,

> A nova concepção de assistência social como direito à proteção social, direito à seguridade social tem duplo efeito, em o de suprir sob dado padrão pré-definido um recebimento e outro, desenvolver capacidades para maior autonomia. Neste sentido ela é aliada ao desenvolvimento humano e social e não tuteladora ou assistencialista, ou ainda tão só provedora de necessidades ou vulnerabilidades sociais. O desenvolvimento depende também de capacidade de acesso, vale dizer da redistribuição, ou melhor, distribuição dos acessos a bens e recursos, isto implica em um incremento das capacidades de famílias e indivíduos. (BRASIL, 2004, p. 6)

O incremento da capacidade de famílias e indivíduos não leva, necessariamente, a uma virada radical de suas condições, mas dá as condições mínimas para que o Estado de assistência não se perpetue. Isso possibilita uma espécie de promoção de um Estado de seguridade por assistência a um Estado de seguridade por previdência. A seguridade por previdência é possível para aqueles que contribuem com o Estado através de seu trabalho. Não há necessidade de uma grande contribuição para o Estado, mas há necessidade de uma contribuição mínima constante que garanta os fluxos de mercado que regem a vida humana. Manter o equilíbrio entre previdência e assistência é uma questão fundamental, desafiadora, e está na ordem da educação da população e na ordem da governamentalidade.

Foucault (2008b), nas descrições de acontecimentos que possibilitam dar visibilidade para as práticas do ordoliberalismo alemão, do neoliberalismo francês e do neoliberalismo norte-americano, permite-nos ver que, muito inspirada na terceira forma citada de neoliberalismo, nossa forma de governar preza pela pobreza absoluta e por um Estado assistencialista. Trata-se de um Estado que, cada vez mais, mantém a pobreza, sem necessariamente investir em mudanças políticas, sociais e econômicas que possam reverter, mesmo que minimamente, a situação de pobreza e miséria da Nação.

Na regra do não ficar excluído do jogo, o custo do *imposto negativo* não é algo que conte para o aumento da crise econômica anunciada. Ele garante condições mínimas de consumo de uma parte da população e opera na motivação dos sujeitos, fazendo-os desejar trabalhar ao invés de manter-se sob uma mesma situação precária. O *imposto negativo*, comum no modelo de governar do neoliberalismo norte-americano, parece ser um investimento muito familiar para nós, brasileiros. Conforme os partidários de tal imposto negativo, a experiência mostra que os benefícios com o incentivo do consumo coletivo são dos ricos, que já conseguem garantir, por conta própria, seu sustento e qualidade de vida. Conforme Foucault (2008b, p. 280),

> Logo, se se quer ter uma proteção social eficaz sem incidência econômica negativa, há simplesmente de substituir todos esses financiamentos globais, todos esses subsídios mais ou menos categoriais, por um subsídio que seria em espécie e proporcionaria recursos suplementares a quem, e somente a quem, a título definitivo ou a título provisório, não alcança um patamar suficiente.

Há uma fração da sociedade que se encontra ameaçada de exclusão do consumo (jogos de mercado). Nessa fração, estão os incluídos nas políticas de previdência (aqueles que são beneficiários de parcos recursos econômicos); mas, além desses, há *outros*. Essa categoria que chamo de *outros*, formada por miseráveis, em visível expansão em muitos países – com destaque para a América Latina –, ficaria, em princípio, descoberta pelas políticas de assistência. Dadas as condições alarmantes para um governo que pretende manter o País entre aqueles que possuem condições seguras de investimentos, a categoria *outros* torna-se ameaçadora. Somando-se aos dependentes da previdência, os miseráveis formam uma parte da população que, entre outras razões, por terem filhos em idade escolar, acabam recebendo bolsa-família, bolsa-escola e outros tipos de incentivo. Tais incentivos contribuem para que suas crianças sejam enviadas à escola, de modo a aumentar o número de incluídos no jogo do mercado; contribuem também para que, modificando-se sua condição econômica, sejam produzidas médias estatísticas mais promissoras. Considero que, no âmbito desta análise, não está na relação custo-benefício o fato de muitas pessoas estarem sobrevivendo com os recursos da bolsa-família, mas está no foco da análise o aumento da capacidade de consumo. A população de países que, como o Brasil, tentam integrar o bloco dos *países em desenvolvimento* (e nele permanecer) acaba pagando um preço social muito alto diante do benefício mínimo e sem perspectivas mais efetivas de mudança em relação às condições de vida que possuem.

No jornal *Zero Hora*, diário de grande circulação no Rio Grande do Sul, em reportagem especial editada no dia 1º de junho de 2008, a manchete "Lula contra a pobreza – Bolsa tudo" chama a atenção dos leitores. O programa de assistência do governo Lula previa o investimento de R$ 25,3 bilhões para famílias pobres; além disso, conforme a reportagem, o Planalto planejava financiar a compra de geladeiras e o cultivo de hortas. Na gênese desses investimentos, que os repórteres Carolina Bahia e Fábio Shaffner consideraram "o milagre da multiplicação dos programas sociais", está a "ânsia do Planalto em potencializar os dividendos sociais e políticos do aumento do consumo entre os pobres" (*Zero Hora*, 2008, p. 4).

As ações de assistência, iniciadas mais enfática e publicamente no Brasil pelo governo Fernando Henrique (1995 – 2002), ampliam-se consideravelmente no governo Lula. Tentando garantir que todo mês famílias pobres recebam em dia, o governo também tem garantido que o consumo aumente em nosso país. Conforme o Instituto de Pesquisa Econômica Aplicada (IPEA), o programa de assistência e proteção social é responsável por uma queda de 21% da desigualdade social no País (*Zero Hora*, 2008). O aumento, porém, dos recursos para bolsas distribuídas tem gerado preocupação em analistas econômicos graças ao pouco ou quase nada de investimentos para uma reversão econômica estrutural da situação, em médio ou longo prazo. Mesmo que mais de duas mil famílias já tenham saído da condição de bolsistas, as demandas por fiscalização – para conferir se as condições do contrato assumido entre governo e famílias estão sendo cumpridas – acabam gerando altos custos.

Em 2008, conforme reportagem do jornal *Zero Hora*, a *bolsa-família* beneficia famílias que vivem em condições de pobreza extrema e que ganham até R$ 120,00 *per capita*. Os investimentos que estavam previstos para 2008 para tais famílias alcançavam o montante de R$ 10,36 bilhões. O *auxílio-gás*, que beneficia famílias que possuem renda mensal per capita de até meio salário mínimo, teve seu investimento em 2008 contabilizado no orçamento da *bolsa-família*. Já a *bolsa-formação* beneficia policiais militares e civis, agentes penitenciários e bombeiros cujos salários vão até R$ 1,4 mil mensais; desde que participem dos cursos do Ministério da Justiça, eles têm direito a um auxílio financeiro. O total de investimentos para 2008 depende da demanda; mas, até junho, data da reportagem do jornal *Zero Hora*, já havia 200 mil pessoas beneficiadas em todo o País. A *bolsa-atleta* beneficia atletas de alto rendimento esportivo que não conseguem patrocínio. Esse programa previa um total de 16 milhões para o ano de 2008; com tal recurso, imagina-se atingir seis mil atletas. O *Projovem* incentiva a conclusão do ensino fundamental e a realização de cursos de formação profissional para jovens entre 18 e 29 anos completos.

Esse programa tem o objetivo de atender 510 mil jovens, e o investimento foi de R$ 669 milhões em 2008. O *Mulheres da Paz* destina-se a promover a aproximação de jovens que vivem em regiões violentas, de modo a trazê-los para programas sociais do governo. As líderes feministas do Mulheres da Paz já atingiram 5,3 mil jovens; em 2008, o investimento desse programa foi da ordem de R$ 4,6 milhões. Para finalizar a lista dos programas e bolsas de assistência, cito mais um: *Brasil Alfabetizado*. Nessa bolsa, os professores recebem incentivos para ministrarem aulas, fora do seu horário de trabalho, para alunos analfabetos. Incorporados no Brasil Alfabetizado, além dos recursos investidos na bolsa do professor, estão os recursos que o governo paga para que seja disponibilizado material didático, merenda, transporte escolar, supervisão de aulas e aquisição de óculos para os alunos que necessitarem. Cada coordenadora de grupo de 15 professores recebe de R$ 200,00 a R$ 300,00 mensais. Na contabilidade apresentada pelo jornal *Zero Hora* de 1º de junho, foram beneficiados, em 2007, cerca de um milhão de alunos; não foram divulgados os investimentos de 2008.

Diante da profusão de bolsas e de auxílios com base na Política de Assistência, não se pode negar que muitas pessoas e suas famílias estão sendo beneficiadas e passaram a ter condições diferenciadas de vida; além disso, pelas possibilidades de formação educacional mínima e profissional que tiveram, conseguiram disputar novas posições no mercado de trabalho. Além de "satisfeitas" com os parcos recursos que possuem, essas pessoas entram na lógica do consumo, fazendo girar as engrenagens de um mercado local que passa a se sustentar, salvaguardando outras partes de uma rede de consumo. Embora tais engrenagens de consumo estejam se movimentando e as famílias estejam mantendo a sua economia, se não forem geradas políticas mais efetivas para minimizar os custos das políticas de assistência, nada nos garante que se consiga manter tais incluídos nas redes de consumo.

A parcela considerável de brasileiros que hoje vive com *ajuda* do governo, bem como os demais contabilizados pelas médias estatísticas que conseguem prover o próprio sustento sem estarem vinculados a tipos específicos de *investimentos* governamentais, é subjetivada por tecnologias que fazem todos assujeitados a um tipo de Estado. Embora Foucault tenha se ocupado longamente com o poder, ele mesmo voltou-se para a descrição e a análise das tecnologias pelas quais cada um governa a si mesmo e se constitui como sujeito. Levando adiante tal entendimento, Lazzarato (2006, p. 251), ao escrever sobre o vivo, a resistência e o poder, afirma que os estados de dominação "caracterizam-se pelo fato de que a relação estratégica se estabiliza nas instituições que limitam, congelam e bloqueiam a mobilidade, a reversibilidade e a instabilidade da ação sobre uma outra ação". Gerar o desejo de consumo naqueles para quem o Estado provê assistência é parte do jogo econômico e de mercado e condição para que os beneficiados se sintam com vontade de permanecer no jogo. Esses beneficiados têm liberdade para mudar sua condição; têm também mobilidade para sair das posições, identidades e funções que ocupam; e têm, até mesmo, condições de permanecer na situação de assistidos.

Não se tem nenhuma garantia de que as tecnologias que operam sobre a população (entendida como unidade política maior), sobre os públicos (entendidos como "massa dispersa em que a influência das mentes, umas sobre as outras, se torna uma ação a distância" (Lazzarato, 2006, p. 75) e sobre os indivíduos em particular deem os resultados esperados pelo Estado. Em outras palavras, o deslocamento de uma condição de assistência para uma condição de contribuição ativa do sujeito não está dado naturalmente. O Estado tem de lançar mão de determinadas estratégias educacionais, de preferência articuladas com o próprio mercado, para que outras formas de subjetivação constituam os sujeitos de modo a dirigi-los em favor do mercado.

Lazzarato (2006) possibilita-nos pensar que as técnicas de governamento que organizam os estados de dominação não são as únicas possíveis de ser articuladas e engendradas. Na visão do autor, podem existir técnicas de governamento que esboçam "linhas transversais às relações estratégicas e aos estados de dominação. Se é ilusório crer que possam existir relações sociais sem relações de poder, não se pode da mesma forma acreditar que os estados de dominação sejam inevitáveis. É tudo uma questão de técnicas, se vemos técnicas como construções coletivas" (LAZZARATO, 2006, p. 253).

Na contemporaneidade, um dos desafios é o de manter os indivíduos sob sofisticado controle para que não escapem do olhar do mercado, para que se mantenham dentro de uma escala prevista de normalidade, considerando variáveis móveis de referência, nos movimentos ordenados de consumo e de educação. O desafio parece estar na redução das distâncias e do tempo, bem como na otimização da vida. Na otimização da vida, estão as condições do fortalecimento do *Homo oeconomicus* e sua relação direta com um tipo de Estado neoliberal.

Conforme escreve Foucault (2008b), o *Homo oeconomicus* é um homem eminentemente governável. Se é governável, significa que está articulado à lei. Dele se esperam outras ações sobre o meio; esperam-se ações capazes de autocondução e de autogestão. Ao se dirigir (a si próprio) e estando imerso nas redes que o constituíram, tenderá a agir da mesma maneira sobre a conduta e os desejos dos outros. Tais condutas serão sempre legítimas para o próprio Estado que as criou, possibilitou, inventou. A competição instaurada entre indivíduos formados nessa ordem estruturante é uma das estratégias para que a dispersão não ocorra e para que o perigo da multiplicidade seja transformado em risco controlável. Ao mesmo tempo em que a multiplicidade se torna uma estratégia interessante para que o neoliberalismo possa se firmar como forma de organização e distribuição de recursos e formas de vida, ela também se constitui como uma ameaça à governamentalidade de um tipo de Estado.

A multiplicidade toma formas e proporções distintas, adentra movimentos e é desejada por aqueles tidos como em situação de risco por estarem em posições distintas e ameaçadoras dentro de uma curva de normalidade. Dentro e fora não são posições que expressem as condições da inclusão e da exclusão se consideramos o conceito de normalização desenvolvido anteriormente. A questão parece estar na produtividade da multiplicidade para os Estados que partilham formas de vida engendradas em princípios globalizados.

Para finalizar: a inclusão como imperativo de um Estado neoliberal

Histórica e institucionalmente no cruzamento, na definição e na distinção entre normação e normalização, podemos ver deslocamentos de práticas de reclusão que marcaram o século XVIII. A reclusão era uma prática que visava à limpeza pela exclusão daqueles apontados como indesejados. Tratava-se de uma reclusão excludente (FOUCAULT, 1996). No século XIX, a reclusão passa a ser matizada pelas práticas de inclusão. Uma espécie de reclusão-includente pode ser vista nas muitas ações de normalização daqueles indesejados. A reclusão-includente e normalizadora tem por função, conforme Foucault (1996, p. 114), "ligar os indivíduos aos aparelhos de produção, formação, reformação ou correção de produtores". Para ele, há uma oposição entre as práticas de reclusão até meados do século XVIII e as práticas de inclusão a partir daí até o século XIX; acrescento que parece existir também uma oposição entre as práticas de inclusão do século XIX e as práticas de integração e inclusão do século XX e início do século XXI. A oposição está na concepção de sequestro do tempo e da vida dos indivíduos pelas instituições ligadas, não diretamente e/ou explicitamente, ao

Estado. "No século XIX aparece algo novo e muito mais brando e rico, uma série de instituições – escolas, fábricas, etc. – de que é difícil dizer se são francamente estatais ou extra-estatais, se fazem parte ou não do aparelho do Estado" (FOUCAULT, 1996, p. 115). O abrandamento da presença do Estado não significa seu enfraquecimento; ao contrário, significa a sua presença em cada prática institucionalizada ou não. Em cada sujeito, está o Estado; não há como fugir à sua captura, cada vez mais sutil e eficiente. É possível afirmar que, desde o século XX, além da captura sutil e eficiente do Estado, vivemos a sua articulação produtiva com o mercado, cada vez mais agressivo e criativo.

Foucault (1996) afirma que, mais do que instituições estatais ou não, há uma rede de sequestro que opera intraestatalmente. As funções do aparelho de Estado passam por toda e qualquer instituição em que nos encontramos fixados ou aprisionados como sujeitos morais ou econômicos.

> Assim, o que acontece é a invenção de novas táticas e novos dispositivos que colocam o Estado sob uma nova lógica. Em termos macroeconômicos – para citar um exemplo –, isso se apresenta com duas faces: ou se privatizam as atividades estatais (lucrativas), ou se submetem as atividades (não-lucrativas) à lógica empresarial. É por isso que os discursos neoliberais insistem em afirmar que o Estado deve se ocupar só com algumas atividades "essenciais", como a Educação e a Saúde; e, assim mesmo, encarregando-se de, no máximo, regulá-las ou provê-las (nesse caso, aos estratos sociais comprovadamente carentes). (VEIGA-NETO, 2000, p. 198)

O provimento, por parte do Estado, das condições de saúde e de educação, bem como o provimento das condições de consumo, não estão na contramão das políticas de mercado. Tais provimentos funcionam como condições de possibilidade para o estabelecimento, a geração e a sustentabilidade do mercado. Se cabe ao Estado prover condições mínimas de vida – conforme foi discutido no decorrer deste texto –, cabe ao mercado lançar produtos acessíveis para todos. Condições de vida e de consumo associam-se, hoje, de forma indissolúvel e estão cada vez mais sob a tutela do Estado. Um bom exemplo disso encontra-se na recente recomendação do governo brasileiro no sentido de que, diante da recente crise financeira internacional, todos praticassem o "consumo responsável", isto é, que todos deveriam consumir, desde que dentro de suas respectivas posses.

Inclusão na contemporaneidade passou a ser uma das formas que os Estados, em um mundo globalizado, encontraram para manter o controle da informação e da economia. Garantir para cada indivíduo uma condição econômica, escolar e de saúde pressupõe estar fazendo investimentos para que a situação presente de pobreza, de falta de educação básica e de ampla miserabilidade humana talvez se modifique em curto e médio prazo. A promessa da mudança de *status* dentro de relações de consumo – uma promessa que chega até aqueles que vivem em condição de pobreza absoluta –, articulada ao desejo de mudança de condição de vida, é fonte que mantém o Estado na parceria com o mercado e que mantém a inclusão como um imperativo do próprio neoliberalismo. Afinal, no jogo do mercado, o *Homo oeconomicus* e a sociedade civil formam parte de um mesmo conjunto de tecnologias da governamentalidade (FOUCAULT, 2008b).

Referências

BAUMAN, Zigmunt. modernidade *líquida*. Rio de Janeiro: Zahar, 2001.

CASTRO, Edgardo. *Vocabulário de Foucault*. Belo Horizonte: Autêntica, 2009.

CASTEL, Robert. As armadilhas da exclusão. In: CASTEL, Robert; WANDERLEY, Luiz Eduardo; BELFIORE-WANDERLEY, Mariângela. *Desigualdade e a questão social.* 2 ed. São Paulo: EDUC, 2007. p. 17-50.

EWALD, François. *Foucault, a norma e o Direito*. Lisboa: Veja, 1993.

FOUCAULT, Michel. *A verdade e as formas jurídicas*. Rio de Janeiro: NAU, 1996.

FOUCAULT, Michel. *Segurança, território, população*. São Paulo, Martins Fintes, 2008a.

FOUCAULT, Michel. *Nascimento da biopolítica*. São Paulo: Martins Fontes, 2008b.

BRASIL. *Política Nacional de Assistência Social*. Disponível em: http://www.desenvolvimentosocial.sp.gov.br/File/2006/imprensa/pnas_final.pdf. Acesso em: 15 set. 2008.

LAZZARATO, Maurício. *As revoluções do capitalismo*. A política no império. Rio de Janeiro: Civilização Brasileira, 2006.

LOPES, Maura Corcini. O direito de aprender na escola de surdos. In: THOMA, Adriana da Silva; LOPES, Maura Corcini (Orgs.). *A invenção da surdez II*. Espaços e tempos de aprendizagem na educação de Surdos. Santa Cruz do Sul: Edunisc, 2006a. p. 27-46.

LOPES, Maura Corcini. O lado perverso da inclusão – a exclusão. In: FÁVERO, Altair Alberto; DALBOSCO, Cláudio Almir. MARCON, Telmo. (Orgs.). *Sobre filosofia e educação: racionalidade e tolerância*. Passo Fundo: UPF, 2006b. p. 207-218.

VEIGA-NETO, Alfredo. Michel Foucault e educação: Há algo de novo sob o sol? In: VEIGA-NETO, Alfredo (Org.). *Crítica pós-estruturalista e Educação*. Porto Alegre: Sulina,1995. p. 9-56.

VEIGA-NETO, Alfredo. Educação e governamentalidade neoliberal: novos dispositivos, novas subjetividades. In: PORTOCARRERO, Vera; CASTELO BRANCO, Guilherme. (Org). *Retratos de Foucault*. Rio de Janeiro: NAU, 2000. p. 179-217.

VEIGA-NETO, Alfredo. LOPES, Maura Corcini (2007). Inclusão e governamentalidade. *Educação & Sociedade*. v. 28, n. 100 – especial. out. 2007. Campinas/SP: CEDES. p. 947-964.

ZERO HORA, Jornal diário. 1º de junho. Rio Grande do Sul, 2008.

Empresariamento da educação e autonomia escolar:
estratégias de governamento na escola inclusiva

Morgana Domênica Hattge

Vivemos um momento de grande mobilização pela inclusão de todos no sistema educacional. Essa sociedade que se pretende inclusiva precisa incluir todos, inicialmente, na escola. E, para que essa inclusão aconteça, algumas mudanças são necessárias em termos de gestão da educação. Neste texto, pretendo, com base na análise do material do Programa Escola Campeã,[1] problematizar o conceito de autonomia escolar e como ele vem se apresentando e reconfigurando no cenário educacional. Para tanto, trago inicialmente um panorama das discussões a respeito da gestão educacional e das relações que podemos estabelecer entre o empresariamento da educação e a crescente busca pela autonomia das instituições educacionais. Procurarei apresentar, ao longo do texto, excertos do material de implantação e divulgação do Programa que me permitirá levar minha argumentação a fim de mostrar que a autonomia

---

[1] O Programa Escola Campeã é uma parceria do Instituto Ayrton Senna e da Fundação Banco do Brasil e tem o objetivo de superar o fracasso escolar, a evasão e a repetência através de uma gestão escolar eficiente. O programa foi implementado inicialmente em 47 municípios de todo o Brasil numa ação conjunta das Prefeituras Municipais e das Secretarias de Educação, mas somente 42 prefeituras continuaram participando do programa até sua finalização.

escolar e o empresariamento da educação são estratégias de governamento colocadas em ação por uma escola que busca a inclusão de todos.

Empresariamento da Educação: condição de possibilidade para a Gestão Educacional

> Será que diretores e diretoras já pensaram em fazer a gestão da escola da mesma forma que fazem a da sua casa? A proposta é séria e parte de um representante de um segmento que entende de mercado: o empresariado.
> [...]
> Para resumir de forma simples, diz o empresário: "Estou sugerindo que as diretoras e os diretores façam exatamente o que fariam em um negócio próprio deles".
> [...]
> O sucesso do negócio começa pela organização simples da gestão dos recursos e se amplia para ter uma visão de organização social e do mundo do trabalho.
> [...]
> David Travesso reconhece que isso vai exigir uma remodelação completa do sistema educacional, com uma descentralização da aplicação dos recursos e uma centralização da capacitação dos gestores e os professores. Daí a importância do papel das entidades que coordenam o ensino no País.
> Valendo-se dessa constatação, o empresário passa a refletir sobre um problema que ele considera nacional: não adianta apenas fazer uma gestão dos recursos para se ter custos muito baixos, porque isso não significa sucesso. "Sucesso, hoje, é você ter mercado", salienta.
> [...]
> Cabe à escola repensar sua maneira de formar os meninos e as meninas, pondera, porque hoje é preciso que eles tenham uma visão de mundo muito mais ampla do que se tinha ontem. E

essa visão de mundo o mercado já está exigindo da meninada que está saindo da escola.

[...]

David observa, portanto, que o papel do diretor não pode ser apenas o do administrador de recursos, mas também o de gestor das condições que a escola vai oferecer para que as demandas da sociedade sejam atendidas.

[...]

A escola, portanto, deveria se preocupar com dois tipos de conhecimento a ser transmitidos – um pacote com o chamado "conhecimento universal", que cabe ao professor repassar, e outro conjunto de conhecimentos específicos que tenha a ver com a comunidade, a economia local, que vai, até, contribuir com a forma de os jovens começarem a ganhar a vida no trabalho. "Se a região produz banana, é preciso ensinar coisas relativas a esta cultura", insiste. Para identificar o que deve ser ensinado neste segundo conjunto, a escola precisa manter uma relação continuada com o mercado (a comunidade local) para saber o que ela está precisando.

[...]

"Como empresário – e, portanto, como empregador – eu tenho muito a oferecer para a escola sobre o que eu preciso na formação dos estudantes e futuros profissionais", observa, já fazendo uma ressalva importante: "Sei que essa é uma discussão complicada, pois há um forte componente ideológico aí. Sei que o ideal seria a gente isolar os meninos em um ambiente agradável para oferecermos a eles somente o pacote da educação universal. Mas, infelizmente, a realidade brasileira não permite isso".

[...]

Ele diz que a questão é ideológica porque, na escola, muitos educadores são contra o modelo econômico vigente, fazendo críticas a ele e negando sua existência dentro da escola. Ele reconhece espaço para as críticas, mas não vê como não passar aos alunos a realidade que está nas ruas. "Eu gostaria de não ensinar muitas coisas para meus filhos, mas, se eles não aprenderem, não vão sobreviver lá fora", argumenta o empresário.

Na opinião de Travesso, enquanto se discute a questão ideo-

> lógica, os meninos estão entrando no mercado, só que pela pior porta – a da miséria e da ignorância, de forma totalmente desconectada da realidade.
>
> [...]
>
> Para David, os estudantes estão sendo privados de uma escola mais próxima da realidade devido, simplesmente, a uma questão "ideológica e estúpida", porque a escola ainda é hermeticamente fechada, dentro daquela visão à qual ele se referiu antes, de algo meio sacro, isolado da realidade, onde o professor mantém um ar de sacerdote (BAHIA, 2000, p. 198-202)

Quadro 1: O empresariamento da educação

Sei que o excerto é bastante longo, mas, na minha opinião, mostra a concepção de educação sobre a qual são construídas as bases do Programa Escola Campeã.

O empresário trazido à cena para falar de educação levanta uma série de questões, buscando defender seu argumento principal de que a escola deve ser gerida como uma empresa. Em um Estado em que, cada vez mais, opera uma lógica de responsabilização dos indivíduos, transformando-os em sujeitos de mercado, o empresariamento da educação passa a ser uma consequência "natural" do processo. Além disso, o discurso neoliberal sustenta que as instituições públicas são ineficazes, ultrapassadas. Silva (2004), ao analisar a implantação do Programa Escola Campeã na rede municipal de ensino de Sapiranga (RS), afirma que, desde que não seja imitativa, a gestão da escola pode aproximar-se dos critérios de gestão empresarial, pois traria melhorias para o sistema educacional. Ela alega que as escolas não costumam se colocar objetivos claros a atingir e não se avaliam sistematicamente. Segundo a pedagoga, "associa-se escola pública a uma instituição pobre para pessoas pobres" (2004, p. 27). Eu vejo que a defesa em prol da entrada de discursos empresariais na escola pública se dá em duas esferas distintas mas relacionadas.

Primeiramente, na recorrente afirmação de que a escola precisa preparar os alunos para o mercado de trabalho. Essa é uma discussão recorrente que frequentemente gera controvérsias, pois, de acordo com a fala do empresário, as escolas devem preparar os alunos para que sejam atendidas as demandas da sociedade. Cabe à escola "estabelecer uma relação com o mercado para saber o que ele está precisando". Dessa forma, estaremos preparando os alunos para competir no mercado de trabalho. Mercado esse, fluido, em constante mudança, de modo que as relações de trabalho estejam se alterando, buscando priorizar, de acordo com Machado, "as demandas individuais de desenvolvimento de competências e de 'empregabilidade' enquanto armas de enfrentamento da competitividade no mercado de trabalho" (2002, p. 97).

Esse é um dos princípios estruturantes do Programa Escola Campeã, que, a meu ver, produz estratégias que visam à formação de competências individuais, com o objetivo de desenvolver escolas e sujeitos autônomos. Essa autonomia serve aos interesses de uma política neoliberal. Essas escolas e esses sujeitos estariam melhor preparados para atender às demandas colocadas pela lógica de mercado e desenvolveriam o que Toro (2005) chama de "as capacidades e competências mínimas para a participação produtiva no século XXI". Delors (2001), no Relatório para a Unesco da Comissão Internacional sobre Educação para o século XXI, enfatiza a importância, dentro dos quatro pilares da educação,[2] do "aprender a fazer", que estaria relacionado à preparação para o trabalho. Ele afirma que está se tornando "obsoleta a noção de qualificação profissional" (p. 93). O que importa, atualmente, é desenvolver qualidades como a capacidade de comunicação, de trabalho em equipe, de gestão e resolução de conflitos. Trazendo mais uma vez Machado:

---

[2] Aprender a conhecer, aprender a fazer, aprender a viver juntos e aprender a ser.

> Cada um deve aprender, agora, a *acostumar a contar consigo próprio*,[3] desenvolver uma *identidade autônoma*, cultivar um projeto de vida *aberto a incertezas*, responder à *indeterminação e ao imprevisto*, adaptar-se às situações de trabalho em *contínua transformação*, se diferenciar na oferta de sua força de trabalho ou de seus produtos, corresponder às expectativas do mercado, interagir e conviver com diferentes contextos, culturas e pessoas, saber fazer negociações e *evitar custos subjetivos e objetivos*. Em síntese, aprender e ser capaz de competir com sucesso e de contribuir para o êxito das organizações às quais encontra-se vinculado. Tais apelos estão na base do que atualmente se entende por atributos e requerimentos de competência (2002, p. 96).

Em segundo lugar, cria-se uma cultura de competição entre as escolas. Através de "indicadores de qualidade", as escolas competem entre si. Michael Peters analisa:

> [...] exige-se que as escolas individuais e outros estabelecimentos educacionais ajam cada vez mais de acordo com uma espécie de lógica do 'mercado' competitivo, no interior de um sistema inventado de formas institucionais e práticas. [...] exige-se que cada escola, individualmente, funcione cada vez mais como uma quase-empresa independentemente administrada, em competição com outras escolas. (2000, p. 220)

Essa é uma prática recorrente no Programa Escola Campeã. As escolas de uma mesma rede têm seus indicadores de gestão e eficiência constantemente confrontados. Além disso, estimula-se a competição entre alunos e suas respectivas turmas como forma de garantir a qualidade da educação. Avaliando, medindo, comparando resultados, estaríamos construindo escolas eficazes, capazes de manter todos os alunos em sala de aula, sem defasagem idade-série, sem evasão, nem repetência, ou seja, todos estariam incluídos no sistema educacional.

---

[3] Grifo meu.

A Gestão da Educação

A atenção de muitos profissionais e pesquisadores em educação tem se voltado para a questão da gestão educacional. O termo tem sido amplamente utilizado para designar um modo de gerenciar a escola buscando a superação da noção de administração escolar. Essa escola inclusiva precisa ser gerenciada de outra forma. Esse novo enfoque daria sustentação a um deslocamento da questão econômica e burocrática que estaria fortemente ligada "ao operacional e funcional. Além disso, trazia arraigada uma cultura de controle, centralizadora e por vezes, autoritária", afirma Laranja (2004, p. 241). O foco seria agora a questão pedagógica, na qual o gestor escolar torna-se responsável, junto com toda a comunidade escolar, pelo projeto educativo da escola. A gestão escolar pressupõe participação efetiva de todos os segmentos da comunidade escolar no gerenciamento da instituição. Lück (2005) afirma que a substituição do termo "administração" por "gestão educacional" compreende uma série de concepções que são agregadas às antigas funções atribuídas à administração e dizem respeito à construção do projeto político-pedagógico da escola e a uma maior atenção às relações interpessoais dentro da instituição de ensino, colocando o diretor[4] no papel de líder apto a incentivar o desenvolvimento de novas lideranças. Segundo Oliveira (2005, p. 1), "quando falamos em gestão escolar [...] desvinculamos da figura do diretor da escola todas as características de autoridade máxima [...] que lhe eram atribuídas há alguns anos."

Mas a questão central da gestão educacional diz respeito a três aspectos essenciais nesse novo modo de gerir a escola: a autonomia, a participação e a autogestão.

---

[4] Não é meu objetivo aqui discutir a aplicabilidade dessa noção de gestão educacional. É claro que, em muitos estabelecimentos de ensino, o diretor ainda monopoliza as decisões, e a participação da comunidade escolar é mínima. Mas não pretendo denunciar essas práticas. Neste momento, meu objetivo é dar visibilidade às discussões que estão circulando no meio acadêmico e nas escolas de todo o País.

Neste texto, pretendo discutir, inicialmente, cada um desses conceitos, trazendo um breve panorama da forma como são tratados nas atuais políticas de gestão educacional, e alguns efeitos que produzem. Posteriormente, gostaria de discutir, de forma mais pontual, alguns aspectos relacionados à questão da autonomia e de como esse conceito se reveste de novos sentidos, dentro de um programa de gestão educacional, cujo principal objetivo é promover a inclusão de todos na escola, combatendo o fracasso escolar, a evasão e a repetência.

A autonomia diz respeito tanto ao aspecto administrativo quanto ao aspecto pedagógico das instituições de ensino. Uma vez que a escola recebe e gerencia os próprios recursos, entende-se que ela também define os rumos que seu projeto político-pedagógico tomará e torna-se responsável por suas decisões. As Secretarias de Educação têm sua função minimizada e passam a atuar de forma menos diretiva nas escolas.

A participação relaciona-se a toda a comunidade escolar e está intimamente ligada ao papel do gestor como líder. Lück afirma que "os líderes eficazes de escolas concentram os seus esforços em liberar a energia escondida das escolas [...] pela construção de equipes participativas" (1998, p. 35). Essas equipes seriam formadas por professores, associações de pais, alunos, comunidade em geral. E, nesse sentido, os órgãos colegiados das escolas, em especial os Conselhos Escolares, são chamados a assumir papel importante. O Conselho Escolar passa a ser o órgão colegiado que tem funções deliberativas (decidindo a respeito do projeto político-pedagógico e outras questões, elaborando normas internas da escola referentes aos aspectos pedagógicos, administrativos ou financeiros), consultivas (assessorando a equipe diretiva na resolução de problemas, sugerindo soluções), fiscais (acompanhando as ações pedagógica, administrativa e financeira e avaliando o cumprimento das normas da escola) e mobilizadoras (promovendo e incentivando a participação dos diversos segmentos da comunidade escolar).

No ano de 2004, o Ministério da Educação e Cultura (MEC), divulgou o Programa Nacional de Fortalecimento dos Conselhos Escolares, que se propõe a "atuar em regime de colaboração com os sistemas de ensino, visando fomentar a implantação e o fortalecimento de Conselhos Escolares nas escolas públicas de Educação Básica" (BRASIL, 2004, p. 8).

Participam como parceiros desse programa as seguintes entidades: Conselho Nacional de Secretários de Educação (Consed), União Nacional dos Dirigentes Municipais de Educação (Undime), Confederação Nacional dos Trabalhadores em Educação (CNTE), Fundo das Nações Unidas para a Infância (Unicef), Organização das Nações Unidas para a Educação, a Ciência e a Cultura (Unesco) e Programa das Nações Unidas para o Desenvolvimento (Pnud).

Para a capacitação dos Conselheiros Escolares, cada escola recebeu cinco cadernos instrucionais e um caderno de consulta. Esse material deveria ser utilizado na preparação de reuniões e cursos, dirigidos aos membros do conselho escolar de cada escola para que tomassem ciência de suas atribuições e funções na instituição escolar. O programa propõe que seja incentivada a participação de todos os segmentos da escola na tomada de decisões para que se "combata a ideia burocrática de hierarquia" (BRASIL, 2004, p. 22). Em 2006, as escolas receberam mais cinco volumes, dando continuidade às discussões propostas pelo material distribuído em 2004.

Dessa forma, as escolas estão sendo chamadas a se autogerirem. Krawczyk (1999, p. 116), diz que esse novo modelo de gestão "tem como proposta reestruturar o sistema por intermédio da descentralização financeira e administrativa, dar autonomia às instituições escolares e responsabilizá-las pelos resultados educativos" (1999, p. 116).

A questão da autonomia é apresentada no manual de gestão como condição primordial para uma educação emancipadora, libertária. Dessa forma, escolas autônomas formariam sujeitos igualmente autônomos, "emancipados, livres", capazes de se tornarem responsáveis pelas próprias escolhas. Supostamente, um leque de opções se abre a sua frente. Basta fazer as escolhas certas, e qualquer um pode obter sucesso. Peters, Marshal e Fitzsimons afirmam que a educação neoliberal pressupõe "um escolhedor autônomo 'livre'" (2004, p. 84), porém essa "liberdade" não pode se efetivar, uma vez que o mercado livre opera de forma a constituir tipos específicos de sujeitos que escolhem a partir de uma perspectiva geral construída pela lógica do mercado. Esses sujeitos não serão simplesmente governados, mas autogovernados, porque escolhem acreditando escolherem de forma autônoma. Também não podemos esquecer que essa autonomia das escolas e dos sujeitos é econômica para o Estado, que se desobriga de suas funções, porém, continua exercendo o controle, através de mecanismos de avaliação, de prestação de contas e outros dispositivos acionados no interior do sistema educacional. Peters nos fala um pouco a respeito.

> [...] os governos neoliberais têm argumentado em favor de um estado mínimo, proposta que tem se limitado à determinação dos direitos individuais construídos em termos de consumo, e em favor de uma exposição máxima de todos os fornecedores à competição ou à reivindicação, como uma forma de minimizar o poder de monopólio e maximizar a influência do consumidor sobre a qualidade e o tipo de serviços fornecidos. A aplicação desse raciocínio à educação é facilmente compreendida. Seus pressupostos teóricos nem sempre têm se tornado explícitos, mas eles partem claramente de uma perspectiva neoliberal, sancionando reformas na administração educacional no assim chamado movimento para devolver ou delegar a responsabilidade na medida em que isso for praticável, enquanto, ao mesmo tempo, se aumentam os poderes locais das escolas e pais, vistos como consumidores individuais de educação. (2000, p. 221-222)

Conceituar autonomia é um exercício complexo. A exemplo, Kant (2002), considerado por muitos autores como um dos inspiradores da escola moderna, entendia "autonomia" como um conjunto de domínios do sujeito, que, ao ser submetido à educação, desenvolvia sua consciência moral. A consciência para o autor era formada por ações responsáveis desenvolvidas ao longo da vida até chegar à maioridade.

Para Freire (1983), a autonomia estaria associada à superação de uma consciência ingênua por uma consciência crítica, que, por consequência, levaria o indivíduo a uma compreensão própria da realidade. Nas palavras do autor:

> A toda compreensão de algo corresponde, cedo ou tarde, uma ação. Captado um desafio, compreendido, admitidas as hipóteses de resposta, o homem age. A natureza da ação corresponde à natureza da compreensão. Se a compreensão é crítica, a ação também o será. (1983, p. 106)

Assim, a educação deveria colaborar para a construção dessa consciência crítica, que levaria a uma autonomia de pensamento e de ação. Freire propõe uma Pedagogia da Autonomia, que "tem de estar centrada em experiências estimuladoras da decisão e da responsabilidade, vale dizer, em experiências respeitosas da liberdade" (1999, p. 121).

Na lógica de alguns Programas de Gestão, inseridos numa política neoliberal de responsabilização individual, esse termo ganha outras nuances, reveste-se de outros sentidos. Os discursos neoliberais apropriam-se de certos termos muito caros à teoria crítica, termos que são praticamente inquestionáveis, ressignificando-os e conferindo caráter de legitimidade às suas propostas. Qual é a escola que não explicita em seu Projeto Político-Pedagógico o desejo de "formar alunos autônomos", capazes de exercer sua liberdade, suas escolhas? Contudo, numa lógica neoliberal, existe uma responsabilização individual dos sujeitos, pelo próprio sucesso ou fracasso. Essa questão é discutida, numa análise do Projeto Integrar,[5] por Maia (1999), quando ele trata a questão do desemprego. Os discursos neoliberais se esforçam por construir e difundir a ideia de que cada um é responsável por sua qualificação, e se um trabalhador se encontra desempregado isso se deve às suas escolhas individuais que implicaram uma falta de qualificação profissional. Maia argumenta que

> O desemprego é uma questão político-econômica do atual modelo de desenvolvimento e não um problema pessoal ou de falta de formação.[6] [...] Na maior parte das vezes, o trabalhador tenta resolver o problema sozinho, atribuindo a si mesmo a culpa por estar desempregado e por não conseguir um novo emprego. (1999, p. 41-42)

Estendendo essa mesma questão às instituições, podemos dizer que, ao adquirirem autonomia, as escolas também se tornam responsáveis pelos seus resultados.

Autonomia no Programa Escola Campeã

Para o Programa Escola Campeã, o grande nó da questão do fracasso escolar está na Gestão Educacional. O fracasso, a evasão e a repetência seriam consequências de uma má gestão do ensino público. Para resolver a questão, portanto, basta fornecer às prefeituras e às escolas instrumentos que lhes permitam gerenciar a escola de maneira eficaz, e a qualidade do

---

[5] Programa implementado em 1997, no Rio Grande do Sul, pela Central única dos Trabalhadores (CUT) inspirado em um projeto piloto implementado em São Paulo, em 1996, busca implementar uma política de qualificação profissional voltada, principalmente, a metalúrgicos desempregados ou em risco de perder o emprego. Segundo Marmitt, coordenadora técnica do Programa Integrar – RS, "a proposta é de que este processo de ensino-aprendizagem busque a articulação entre a formação para o trabalho, com a formação básica e certificação do ensino fundamental, refletindo conjuntamente alternativas ao desemprego" (1999, p.119).

[6] Esse é um dos princípios do Programa Integrar.

ensino está garantida. Penso que a questão não é tão simples. Não podemos esquecer que a escola não é uma ilha. Ela está inserida em um contexto econômico, social e cultural, que produz significados e traz efeitos para o cotidiano das escolas. Os sujeitos da educação, do mesmo modo, participam de variadas formas desse contexto. E isso deve ser pensado quando se busca a qualidade da educação. Compartilho, nesse caso, das ideias de Viñao, quando ele diz que:

> [...] não estou tão convencido, como muitos parecem estar, da relação imediata e direta existente entre um ou outro modelo e a [...] qualidade do ensino. Primeiro porque a qualidade depende mais, a meu ver, de aspectos sócioculturais e políticos externos ao mundo escolar e, dentro do mesmo, à formação e cultura profissional dos docentes e, como não, da motivação dos alunos. Quer dizer, que sem incidir em outros aspectos e modificá-los é mais que duvidoso que o modelo de gestão, por si mesmo, determine a qualidade do ensino. (2004, p. 370)[7]

Segundo as diretrizes do programa, as soluções para os problemas do fracasso escolar "dependem, essencialmente, do trabalho do diretor de cada escola" (BAHIA, 2000, p. 31).[8] É ele quem deve gerenciar a escola de modo a diagnosticar os "problemas" de aprendizagem dos alunos e buscar formas de resolver esses problemas.

Esse diagnóstico é feito valendo-se de avaliações internas (coordenadas pela equipe pedagógica da escola) e externas (aplicadas pela Fundação Carlos Chagas).

A questão da autonomia e da participação da comunidade escolar é muito referida no material do Programa. Os manuais

---
[7] Tradução do espanhol, feita pela autora do texto.
[8] Desde já, irei incorporando a esse estudo excertos do material que pretendo utilizar na constituição do corpus dessa pesquisa, pois eles me ajudaram a construir a problemática deste estudo.

de implantação fazem referência à autonomia administrativa, pedagógica e financeira da escola. Entendo que essa suposta autonomia idealizada pelo Programa Escola Campeã estaria bastante relacionada aos valores da sociedade neoliberal na qual a escola está inserida. Segue um excerto do material que nos mostra a operacionalização dessa autonomia conferida às escolas:

> O Plano de Desenvolvimento da Escola (PDE) é o instrumento básico para garantir a autonomia da escola, inclusive a pedagógica. Ele deve partir de orientações e diretrizes da Secretaria Municipal de Educação, estar de acordo com o Plano Municipal de Educação, e servir como instrumento de supervisão dos resultados da escola (JORNAL ESCOLA CAMPEÃ, ano 1, n. 2 – novembro/dezembro de 2001, p. 2).

Quadro 2: "Garantia" de autonomia pedagógica

O Plano de Desenvolvimento da Escola, que supostamente lhe conferiria autonomia pedagógica, deve ser construído com base nas orientações e diretrizes da Secretaria, portanto, não se pode dizer que houve uma construção baseando-se nas necessidades da escola, o que caracterizaria uma participação efetiva da comunidade escolar.

Em segundo lugar, trata-se de uma autonomia que busca, em síntese, não um processo de construção dos sujeitos na sua relação com a escola e a comunidade, mas uma responsabilização pelos resultados obtidos a partir do sistema de avaliação dos projetos implementados a partir do Programa. Vejamos nos quadros a seguir:

> "Não tem como a gente falar em responsabilização do diretor pelos resultados da escola se ele não tem autonomias pedagógica, administrativa e financeira". Estevão Bakô, gerente executivo do Escola Campeã pela Auge, sobre o papel do diretor escolar (JORNAL ESCOLA CAMPEÃ, ano 3, n. 5 – agosto a outubro/2003, p. 2).

Quadro 3: O papel do gestor escolar

> É possível a escola pública ter autonomia? Os municípios parceiros do Escola Campeã respondem que sim e mostraram isso em vários depoimentos durante o 3º Encontro em Belo Horizonte. A implementação das autonomias financeira, pedagógica e administrativa gera economia de recursos, gerenciamento adequado e envolvimento de toda a comunidade escolar no processo de ensino. A escola deve ter todas essas condições para oferecer um aprendizado de qualidade, mas, se mesmo assim os resultados ficarem aquém do esperado, sanções devem ser previstas e aplicadas. Surge aí a importância do diretor: "Ele é o maior responsável pelo sucesso ou insucesso da escola", afirma a coordenadora pela Auge, Guiomar Leão Lara (JORNAL ESCOLA CAMPEÃ, ano 3, n. 5 – agosto a outubro/2003, p. 7).

Quadro 4: Autonomia da escola pública

A escola, na figura do gestor educacional, torna-se responsável pelos seus resultados. Essa é uma estratégia para governar com mais eficácia e economia. Popkewitz *apud* Silva nos lembra que essa é uma "tendência que tem como quadro político mais amplo precisamente o esforço de extensão da esfera de autonomização da sociedade que caracteriza o neoliberalismo" (1998, p. 9). Como disse anteriormente, vejo o Programa Escola Campeã extremamente comprometido com os princípios dessa sociedade neoliberal em que "não constitui nenhum paradoxo dizer que, neste caso, mais autonomia significa também mais governo (no sentido de controle da conduta)" (POPKEWITZ *apud* SILVA,1998, p. 8).

Os indivíduos, quando investidos dessa "autonomia", passam a assumir as responsabilidades por seus atos e pelas consequências que deles advêm. Assim, passam a direcionar suas ações de modo muito mais cauteloso, de acordo com as prescrições do programa. No Quadro 3, vemos uma referência às sanções que devem ser aplicadas no caso de, após a implementação daquilo que o programa chama de "autonomia financeira, administrativa e pedagógica", não haver uma "melhoria nos resultados". No caso do Programa Escola Campeã, essa melhoria diz respeito a índices de aproveitamento dos alunos nas avaliações, evasão, repetência, faltas de professores e alunos, entre outros.

Portanto, essa autonomia leva a maior governamento dos sujeitos, leva a maior direcionamento de suas ações para que atendam às metas colocadas pelo programa, porém de forma sutil e muito mais produtiva.

Referências

BAHIA, Secretaria de Estado da Educação. *Gerenciando a escola eficaz: conceitos e instrumentos.* Salvador: Secretaria de Estado da Educação, 2000.

BRASIL, Ministério da Educação. Secretaria de Educação Básica. *Conselhos Escolares: democratização da escola e construção da cidadania.* Elaboração Ignez Pinto Navarro *et al.* Brasília, MEC, SEB, 2004.

DELORS, Jacques. Os quatro pilares da educação. In: *Educação. Um tesouro a descobrir.* Relatório para a UNESCO da Comissão Internacional sobre Educação para o século XXI. Brasília, DF, MEC: UNESCO, 2001.

FREIRE, Paulo. *Educação como prática da liberdade.* 14. ed. Rio de Janeiro: Paz e Terra, 1983.

FREIRE, Paulo. *Pedagogia da autonomia. Saberes necessários à prática educativa.* 11. ed. São Paulo: Paz e Terra, 1999.

JORNAL ESCOLA CAMPEÃ. São Paulo: Laser Press Comunicação. Ano 1 n. 2. nov./dez. 2001.

JORNAL ESCOLA CAMPEÃ. São Paulo: Oboré Projetos Especiais em Comunicações e Artes. Ano 3 n. 5. ago./out. 2003.

KANT, Immanuel. *Sobre a Pedagogia.* Tradução por Francisco Cock Fontanella. 3. ed. Piracicaba, Editora UNIMEP, 2002.

KRAWCZYK, Nora. A gestão escolar: Um campo minado... Análise das propostas de 11 municípios brasileiros. *Revista Educação & Sociedade.* Campinas, n. 67 – ago. 1999, p. 112-149.

LARANJA, Mirza. Discutindo a Gestão de Ensino Básico. In: COLOMBO, Sonia Simões et al. *Gestão Educacional: uma nova visão.* Porto Alegre: Artmed, 2004. p. 238-261.

LÜCK, Heloísa et al. *A escola participativa: o trabalho do gestor escolar.* Rio de Janeiro: DP&A, 1998.

LÜCK, Heloísa et al. A evolução da gestão educacional, a partir de mudança paradigmática. Disponível em: <http://revistaescola.abril.com.br/grandes_temas/gestão_direção_coordenação.shtml>. Acesso em: 27 jul. 2005.

MACHADO, Lucília. A institucionalização da lógica das competências no Brasil. *Revista Proposições.* Faculdade de Educação – UNICAMP, v. 13, n. 1, p. 37, jan./abr. 2002.

MAIA, Marco Aurélio Spall. Uma experiência inovadora. In: MAIA, Marco Aurélio Spall. *Trabalho, Educação e Cidadania. Reflexões sobre o Programa Integrar – RS.* Porto Alegre: Confederação Nacional dos Metalúrgicos/Central Única dos Trabalhadores, 1999.

OLIVEIRA, Eloiza da Silva Gomes de. *Princípios e métodos de gestão escolar integrada.* Curitiba: IESDE, 2005.

PETERS, Michael. Governamentalidade neoliberal e educação. In: SILVA, Tomaz Tadeu da. *O sujeito da Educação:* estudos foucaultianos. 4. ed. Petrópolis, Vozes, 2000. p. 211-224.

PETERS, Michael; MARSHALL, James; FITZSIMONS, Patrick. Gerencialismo e Política Educacional em um contexto global: Foucault, Neoliberalismo e a Doutrina da Auto-Administração. In: BURBULES, Nicholas C.; TORRES, Carlos Alberto (Orgs.). *Globalização e Educação – Perspectivas Críticas.* Porto Alegre: Artmed, 2004. p. 77-90.

SILVA, Jóice Silvana Fischborn. *Analisando uma experiência de gestão escolar: a "Escola Campeã".* Trabalho de Conclusão de Curso. Pedagogia. São Leopoldo, Unisinos, 2004.

SILVA, Tomaz Tadeu da. As pedagogias psi e o governo do eu. In: SILVA, Tomaz Tadeu da (Org.) *Liberdades reguladas: a pedagogia construtivista e outras formas de governo do eu.* 2. ed. Petrópolis: Vozes, 1998. p. 7-13.

TORO, Bernardo. *Os sete códigos da modernidade.* Disponível em: http://www.centrorefeducacional.pro.br/moderni.htm. Acesso em: 27 abr. 2005.

VIÑAO, Antonio. La Dirección Escolar: un análisis genealógico-cultural. *Educação*, Porto Alegre, v. 2, n. 53, p. 368-415, mai./go. 2004. Quadrimestral.

Reprovação escolar:
prática que governa

Rejane Ramos Klein

O que estes alunos estão fazendo na 5ª série? (pergunta de uma professora)

A epígrafe deste texto expressa uma questão que vem sendo recorrente na fala de muitos professores de diferentes modalidades de ensino. Nestes tempos de escola inclusiva, a reprovação escolar passa a ser uma prática que está na vitrine, gerando algumas insatisfações entre os professores em relação ao nível de aprendizagem de alguns alunos que, mesmo sendo aprovados, não atendem às expectativas ou à série em que se encontram.

Meu objetivo é trazer à cena algumas problematizações a respeito de como o currículo escolar se reestrutura para "dar conta" da aprendizagem de todos. Entre essa reestruturação, a reprovação tem sido uma prática posta sob tensão na escola, tanto pelos professores quanto pelos gestores escolares. A reprovação escolar pode ser entendida como uma estratégia que conta com um conjunto de táticas didáticas que, ao operarem sobre os indivíduos, objetivam reverter a situação de não aprendizagem de alguns, mas que coloca todos sob a ameaça da repetência, mesmo aqueles considerados aprendentes. Nesse sentido, entendo que a reprovação escolar possibilita o governamento de todos e de cada um na escola – não só dos alunos, como também dos professores e dos gestores escolares, preocupados com a qualidade de ensino, que é traduzida pelos índices de reprovação e evasão escolar. Nessa perspectiva, visibilizar o que se faz ou não na escola em relação à aprendizagem dos alunos será entendido aqui como uma condição para que diferentes práticas que governam os sujeitos possam ser mais eficientes.

Utilizo os termos "governo" e "governamento" no sentido de governar como uma ação que age sobre nossas ações e as do outro (VEIGA-NETO, 2002), o que é diferente de "Governo" – escrito em maiúsculo – para referir-se à instância governamental, geralmente tomada como a única possibilidade de controle e governo da população. Esse entendimento de governo como ação de governar, incluindo instituições e as relações entre as pessoas, possibilita-nos pensar que, por um lado, uma dessas instituições – a escola contemporânea – vem se debatendo ante os discursos pró-inclusão de todos, tendo que reconfigurar suas funções disciplinares; por outro lado, essas funções parecem ser reafirmadas pelos professores, que têm apontado a reprovação como uma prática necessária atualmente. Diante dessa necessidade, o currículo escolar vai operando por meio de técnicas que homogeneízam e, ao mesmo tempo, individualizam os escolares, de modo que todos possam estar inseridos na lógica da governamentalidade neoliberal, que cada vez mais pressupõe o alargamento das funções da escola.

Para mostrar essas modificações, trarei alguns elementos, organizados em duas seções, que mostram como a reprovação escolar pode ser uma das formas de governar todos os sujeitos com maior eficiência, fazendo-os ao mesmo tempo governarem-se a si e ao outro. Na primeira seção, apresento o currículo escolar direcionando, entre outras coisas, as bases para a estruturação de uma escola dita inclusiva. Nesse sentido, sob outras bases, as funções disciplinares da escola vão se reconfigurando e desafiando a lógica homogênea da qual todos devem fazer parte, exigindo outras condições que individualizam os sujeitos para melhor governá-los.

Apresento algumas dessas condições na segunda seção do texto, em que analiso algumas respostas de professores de escolas públicas municipais – onde venho realizando minhas investigações – sobre *quais critérios têm sido utilizados para reprovar um aluno*[1]. Esses critérios indicam que a retenção do aluno pretende assegurar o papel da escola a partir de um processo de homogeneização, mas, ao mesmo tempo, de individualização dos sujeitos, colocando a reprovação escolar como necessária para governar a todos e a cada um.

Abro uma terceira seção ainda para retomar os argumentos e fazer algumas provocações para continuarmos pensando a respeito do currículo com base em uma constante problematização acerca do conjunto de práticas que vêm definindo a reprovação escolar. Valendo-se dessas práticas, as diferentes estratégias postas em funcionamento na escola para dar conta da aprendizagem de todos precisam ser colocadas sob suspeita, entendendo-se que o aluno considerado normal, certo, perfeito, bom, limpo, organizado, interessado, pronto, preparado, etc. pressupõe características ideais construídas como pré-requisitos a todos. Tais características são colocadas em funcionamento por um processo de normalização que tem sido necessário em tempos de *governamentalidade neoliberal* (FOUCAULT, 2006). Colocando em xeque nossos entendimentos daquilo que falta nos alunos, talvez possamos visualizar outras possibilidades diferentes das que consideramos ideais em funcionamento no currículo escolar, possibilitando apenas o desenvolvimento de formas de governar a população.

---

[1] Essa é uma questão que compõe um questionário aplicado aos professores de uma das escolas municipais onde desenvolvo o projeto de pesquisa intitulado "Repetência escolar: práticas que regulam o currículo e posicionam os sujeitos" para o doutorado em Educação.

O currículo e suas disposições na escola

Entendo o currículo como um artefato capaz de dispor tanto os conhecimentos necessários a ser ensinados a todos quanto um conjunto de práticas que subjetivam os estudantes na escola, posicionando-os como aprendentes ou não desses conhecimentos. Assim, busco mostrar algumas relações do currículo com a disposição do espaço, tempo e saberes, disposição essa que nos possibilita falarmos hoje de uma escola inclusiva.

Veiga-Neto (2002), para mostrar as relações entre currículo e espaço, caracterizou a modernidade como um período histórico em que ocorreu, e ainda vem ocorrendo no Ocidente, o estabelecimento de novas percepções e significados sobre o espaço e o tempo, assim como outros usos que se podem dar ao tempo e ao espaço. Nesse período emblemático, que se configura a partir do século XVII, podemos acompanhar, com Kant (filosofia transcendental), Comenius (*Didática Magna*), Descartes (método científico), entre outros, a necessidade de geometrizar o espaço, torná-lo abstrato e, em consequência, quantificado. Além disso, os saberes precisaram ser disciplinarizados para ordenar as assim chamadas "ciências naturais". Nesse sentido, "[...] da combinação entre a espacialização platônica e a categorização aristotélica firmou-se esse tipo de racionalidade moderna" (VEIGA-NETO, 2002, p. 210).

Com base nessa racionalidade instituída é que a escola tem por atribuição colocar em funcionamento práticas de ordenamento, como uma das instituições encarregadas de regulamentar e, sobretudo, transformar o espaço até então conventual (VARELA & ALVAREZ-URIA, 1992). A partir daí, iniciou-se um longo processo de "enclausuramento das crianças", o chamado "processo de escolarização", o qual é encarregado de moldar novas subjetividades para algumas formas muito particulares de viver socialmente o espaço e o tempo. O elo que permite pensar essa conexão indissolúvel e imanente da escola com as novas práticas sociais, culturais, religiosas, econômicas, é a disciplinaridade, tanto em relação à disciplina-corpo quanto à disciplina-saber. Ambas implicadas "[...] num tipo de poder – o poder disciplinar – do qual depende a nossa 'capacidade' de nos auto-governarmos mais e melhor" (VEIGA-NETO, 2003, p. 107).

Uma imagem que expressa esse processo de disciplinarização e especialização dos saberes é a da árvore. Gallo (2007, p. 3) mostra que suas raízes "[...] representariam o mito, como conhecimento originário; seu tronco representaria a filosofia, que dá consistência e sustentação para o todo; seus galhos, por sua vez representariam as diferentes disciplinas científicas [...]". O conhecimento, entendido como totalidade dentro dessa racionalidade moderna, é a condição para que a disciplina aja também sobre o corpo dos sujeitos. Dessa forma é que o sujeito moderno vai se constituindo e sendo subjetivado por processos que o homogeneízam, os quais hoje parecem não estar mais dando conta das diferentes formas de ser e de viver, enfim, de aprender dos sujeitos.

O currículo como engrenagem na maquinaria escolar vem dispondo as ordenações de espaço-tempo também em relação ao corpo dos sujeitos na tentativa de individualizar, organizando os alunos por idades e por níveis cognitivos, movimentando os diferentes arranjos para incluir todos: projetos, calendários, cronogramas, grade curricular, planos de estudos, Projeto Político Pedagógico, etc., todos orientados por políticas educacionais que regulamentam essas práticas baseando-se em princípios nacionais, como, por exemplo, os PCNs (Parâmetros Curriculares Nacionais). Essa disposição, ao disciplinar os saberes, o espaço e o tempo, também nos disciplina, ordena nossas ações, ensina-nos a ver o mundo a partir de determinada forma, a partir de uma visão homogênea, mas que preconiza as individualidades e o respeito às diferenças.

De acordo com essa disposição do currículo na escola moderna é que tem sido possível, entre outras coisas, fixar quem somos nós e quem são os outros (VEIGA-NETO, 2002). Os outros, nesse caso, poderiam ser aqueles que hoje estão em determinada série ou ano porque foram "empurrados" em função de sua idade, e não por méritos de aprendizagem dos conhecimentos, conforme questionou a professora citada na epígrafe. Dentro dessa estruturação, todos devem ser incluídos.

Desde quando a escola passou a ser obrigatória, o ensino foi sendo universalizado. A partir do século XIX, temos percebido alterações nas funções da escola, funções essas que estão extremamente conectadas aos contextos históricos, políticos, culturais, econômicos de cada época. Cada uma delas enfatiza determinadas estratégias, que exigirão outras ênfases nas práticas pedagógicas a ser desenvolvidas no contexto escolar. A ênfase nas funções disciplinares começa a ser deslocada com a entrada dos especialistas na área educacional. Esses têm contribuído significativamente para esse deslocamento, que não exclui a disciplina, mas a trata de forma diferente, mais interiorizada, de modo que alcance a todos da maneira mais eficaz e menos onerosa possível.

Serão os representantes da Escola Nova, como Maria Montessori, Ferrière, Decroly, entre outros, alguns dos responsáveis por colocar em funcionamento essa nova lógica que opera sobre os indivíduos. Eles alertavam para os métodos tradicionais de ensino e os rejeitavam, alegando que toda prática do exame[2] homogeneizava as atividades escolares, tomando todos como iguais.

Esse processo de homogeneização dos escolares foi duramente criticado a partir do século XX por todo um campo de saber da psicologia, do qual faziam parte esses especialistas.

---

[2] De acordo com Varela (1995), o exame é um dos dispositivos de subjetivação e objetivação do sujeito e de extração de saberes sobre ele. Esse método permite tornar cada sujeito um caso.

Esse campo de saber, baseado na psicologia evolutiva, teve a infância anormal como referência para fazer experimentos com aqueles que, mesmo com aparatos pedagógicos diferenciados, não conseguiam acompanhar os demais. Essas práticas estavam legitimadas pelo saber médico, que pautava a pedagogia por um modelo que objetivava corrigir os sujeitos. Para sustentar esse modelo de pedagogia corretiva, o método adotado nas escolas para alcançar a concentração, a perseverança e a autodisciplina dos alunos teve como base a educação ativa e criativa, que deveria respeitar o desenvolvimento infantil, o ritmo individual do aluno, para torná-lo livre e autônomo.

Tratava-se de obter um novo tipo de controle, "menos visível, menos opressivo e mais operativo" (Varela, 1995, p. 48). Essa nova forma de socialização surge a partir das "crianças anormais". Acreditava-se que seria possível uma socialização universal, mas individualizada, válida para qualquer sujeito, desligada do contexto histórico e legitimada por códigos experimentais desenvolvidos em diferentes instituições para atender às suas demandas específicas.

Na contemporaneidade, os desafios pró-inclusão escolar colocam em xeque as divisões e as classificações em lugares diferenciados para determinados sujeitos. A pedagogia centrada na criança enfatizará que todos podem conviver e aprender em escolas comuns, rompendo assim com os espaços determinados da educação especial para alguns alunos. O conhecimento sobre como ensinar a todos baseia-se nesse modelo de pedagogia com base *psi* como a única possibilidade de intervenção pedagógica. Tal modelo produz saber sobre os sujeitos para explicá-los, tratá-los e, com isso, poder "ajudar" a escola e os professores a desenvolver práticas mais includentes. Isso transforma significativamente o ensino em um espaço terapêutico de produção de saber sobre si mesmo, e não de conhecimento.

As políticas de inclusão atuais pautam-se por esse modelo pedagógico, baseado nas "pedagogias psicológicas" (Varela,

1995); com elas e a partir delas, o currículo é redesenhado, alterando as funções da escola. Se a modernidade exigiu um currículo que esquadrinhava o tempo e o espaço escolar para dar conta, entre outras coisas, de construir uma sociedade industrial capitalista, parece que estamos passando atualmente para outro momento. Trata-se de construir um currículo que possa ser flexível e adaptável às diferenças dos sujeitos. No entanto, de acordo com Gallo (2007, p. 98), "não significa seu abandono [tecnologia disciplinar], visto que ela já está incorporada nos indivíduos e nas instituições. Disciplina incorporada, esse é um tempo de flexibilização, palavra mais do que chave no jargão neoliberal".

As alterações curriculares podem ocorrer tanto na ordem dos saberes que deverão ser disponibilizados em sala de aula quanto nas práticas, na organização do espaço e do tempo escolar, no controle do corpo de forma a subjetivar os estudantes de outras maneiras. Os saberes são pautados em sistemas teóricos que posicionam a criança no centro do processo educativo, percebendo o desenvolvimento infantil em etapas ou estágios. O ensino, por sua vez, é mais adaptado aos interesses e às necessidades dos alunos. Segundo Varela (1995), o controle, que antes era exterior, agora é cada vez mais interiorizado. Mas não é o sujeito que terá o controle de sua aprendizagem, e sim os professores, sobretudo, os especialistas, que podem conhecer os progressos ou retrocessos da aprendizagem. A autora afirma que o processo de expropriação, cada vez mais intenso, ao almejar mais criatividade, liberação e autonomia, cria dependência e subordinação cada vez maiores.

Essas modificações deram outro lugar ao conhecimento que foi perdendo, progressivamente, seu valor. Segundo Varela (1995), o ensino enfatiza a busca de si mesmo, formas de viver livremente sem esforço ou coações. No entanto, os alunos precisam adquirir determinadas capacidades que estão ligadas à autocorreção e à autoavaliação, ou seja, a vigilância passa a ser mais eficaz, de forma internalizada. Tais capacidades podem ser analisadas em sua relação com o sistema neoliberal em nossas sociedades atuais, que preconizam o consumo desenfreado, tendo como pressupostos identidades moldáveis, mas, fundamentalmente, diversificadas. A autora avalia essas mudanças nas instituições escolares como um possível afastamento

> [...] da função explícita da transmissão dos saberes, como se a paixão pelo conhecimento e a compreensão dos mundos da natureza e da cultura se vissem relegados ou quase excluídos em detrimento de um processo de formação de personalidades apenas encoberto mediante referências ao lúdico-tecnológico, a processos de simulação de problemas, a jogos na 'realidade virtual' que fazem de muitas destas escolas verdadeiros parques de alucinado entretenimento. (VARELA, 1995, p. 54)

O currículo torna-se flexível para adaptar os sujeitos às novas exigências. O processo que antes podíamos ver sendo pautado na *individualização*, agora, pode ser pensado como uma espécie de *personalização* que, segundo Varela (1995), enfatizará a diversidade e uma relação entre as pessoas, isso porque deverá ser respeitado o estilo próprio de cada aluno, deixando-se que ele o manifeste e redescubra sua suposta natureza original, estando "livre" de imposições externas. Nessa perspectiva, surgem infindáveis sugestões e propostas para "adaptar" o currículo a fim de fazer funcionar determinado tipo de escola dita inclusiva. Essa proposta emerge como alternativa aos modelos de ensino instituídos que geram exclusões. No entanto, as proposições são fundamentadas para dar conta de incluir e de ensinar todos sobre as mesmas bases de um sistema neoliberal, que preconiza a seleção dos melhores, homogeneizando e, ao mesmo tempo, individualizando os sujeitos ao celebrar as diferenças.

Se admitirmos que a escola é uma das instituições modernas inventadas para viabilizar determinado projeto de sociedade, então, alguns deverão estar sob constante vigilância, pois não conseguirão atingir o mínimo esperado para ser integrantes desse projeto. Dessa forma, a reprovação escolar compõe as múltiplas estratégias que vem operando sobre os indivíduos, objetivando atingir a integração de todos nesse projeto.

Repetência escolar como necessária para governar todos e cada um

As diferentes ênfases na estruturação curricular podem ser tomadas como redes que dão sustentação para que a reprovação escolar seja considerada uma prática necessária na escola.

Dos 87 professores que participaram da pesquisa que venho desenvolvendo, 43 deles apontaram a reprovação como uma necessidade na escola. Esses professores argumentam que, ao reprovar determinados alunos, desejam que esses passem de ano "mais fortes", tendo mais tempo de amadurecimento e reflexão sobre comportamentos e atitudes indesejados. Dessa forma, os alunos que são reprovados servem de alerta para os outros considerados aprendentes, que não obterão a aprovação sem ter as condições mínimas definidas por cada um dos professores. Essas condições, muitas vezes, são estipuladas por critérios cada vez mais pensados de forma individual por cada professor a partir de sua área de conhecimento. Os Projetos Políticos Pedagógicos (PPP), que servem para orientar a construção desses critérios parecem estar a serviço de lógicas burocráticas, e não de uma construção coletiva com os professores, projetando outras formas de olhar para a não aprendizagem dos alunos, deslocando-a do lugar daquilo que falta para visualizar as práticas que os constituem como não aprendentes de determinados conhecimentos.

Fica explícita essa posição individual dos professores legitimada por objetivos disciplinares dos saberes quando eles centram seu olhar sobre o que falta nos alunos para alcançar determinada condição de aprendizagem e cumprir com os objetivos traçados para cada série ou disciplina:

> Quando ele não alcança os objetivos propostos no trimestre, mesmo tendo uma atenção especial. Neste caso, acho que não é bom para o aluno seguir para a próxima série sem pelo menos uma base de conhecimento.

(Escola 1 – Questionário 34)

> Reprovação é um fato que ocorre quando o aluno não consegue atingir os objetivos propostos durante o decorrer de todo o ano. Critérios: não demonstra interesse, não questiona, deixa de fazer as atividades propostas e não consegue demonstrar individualmente o que conseguiu desenvolver durante o ano.

(Escola 3 – Questionário 67)

A repetência escolar, além de posicionar os alunos – como não aprendentes, ou com dificuldades de aprendizagem ou ainda como não tendo maturidade suficiente para cumprir a proposta escolar –, ameaça-os com a possibilidade do encaminhamento ao apoio pedagógico e/ou psicológico, marcando a necessidade da recuperação do que foi perdido. A ilusão do repetir e do recuperar acaba determinando uma espécie de *mesmidade* escolar (KLEIN; LOPES, 2008). O currículo se repete, e as representações construídas sobre os alunos que reprovaram e que estão repetindo se fortalecem e se perpetuam no espaço escolar.

Nesse sentido, rever e recuperar determinada postura de aluno a fim de que esse consiga obter o mínimo desejado para a série em que se encontra ou para o que a escola e a própria sociedade espera dele parecem ser os objetivos da prática da repetência escolar. A aprendizagem é vista pela repetição dos conteúdos e das práticas disciplinares, e não pelo sentido da experiência[3] da aprendizagem para aqueles que aprendem. Aqueles que não se enquadram em um padrão desejado de aprendizagem e de desenvolvimento escolar devem passar por um processo de transformação, ou seja, de mudança de uma condição de não aprendentes para uma condição de aprendentes. A repetência escolar, portanto, constitui-se como parte das estratégias que contam com um conjunto de táticas didáticas que, ao operarem sobre os indivíduos, objetivam reverter a situação de não aprendizagem em que se encontram. O objetivo do uso de tal conjunto de táticas é desenvolver no aluno a *consciência de seus limites, o arrependimento pelas ações que o levaram à reprovação, a necessidade de esforço e dedicação para atingir metas colocadas* como sendo boas e desejadas para todos os que estão matriculados na escola (KLEIN; LOPES, 2008).

Outros critérios estipulados pelos professores aparecem como determinantes para a aprendizagem e para a obtenção da aprovação dos alunos. Esses critérios referem-se ao comportamento e às atitudes dos alunos, conforme exemplificado nos excertos abaixo:

> Aluno desinteressado, que não sabe opinar, que não possui assiduidade na escola, não cumpre com as tarefas dadas em sala de aula.

(Escola 1 – Questionário 30)

> Penso que para o aluno ser reprovado tem que estar completamente alheio à sala de aula, ser aquele aluno que está ali por estar, não participa de nada, atrapalha a aula, não faz tema e exercícios propostos para ele. Para ele, estar na escola é uma

---

[3] Experiência no sentido dado por Larrosa (2002), como um encontro ou uma relação com algo que se experimenta, que se prova. O sujeito dessa experiência seria aquele capaz de se expor, atravessando um espaço indeterminado e perigoso, pondo-se nele à prova e buscando nele sua oportunidade, sua ocasião.

> imposição, não um querer aprender. Para mim, o aluno, para ser reprovado, é um aluno que não sabe ler direito, interpretar, entender o que é proposto pela professora.

(Escola 3 – Questionário 79)

A centralização numa postura correta e adequada do aluno exige a consciência que cada um deve ter de sua condição e daquilo que falta para alcançar um lugar de desenvolvimento almejado pela escola. Nesse sentido, a auto avaliação escolar tem mostrado ser uma eficiente técnica que opera sobre o indivíduo, fazendo-o olhar-se e posicionar-se de acordo com o que está sendo dito sobre ele e de acordo com o que se espera de um aluno dentro de sua "fase de desenvolvimento social e cognitivo". Vale salientar que, embora a consciência do aluno seja desenvolvida para que esse passe a se autogovernar e se autodeterminar na escola, é inegociável o lugar determinante dos professores e da escola na decisão e expressão final da avaliação do aluno. Trata-se de uma técnica que, de acordo com Ramos do Ò (2003), permite que o indivíduo se adapte desde o início à regra de determinada relação, tanto com os outros quanto com determinado tipo de percurso.

A combinação entre consciência do aluno, ação pedagógica e saberes hierarquicamente distribuídos no currículo escolar pode estar determinando tipos específicos de investimentos dos professores sobre a recuperação ou não de seus alunos e possibilitando o governamento de todos. Essa combinação, materializada de diferentes formas no currículo, pressupõe uma série de investimentos dos professores, e, através da prática da reprovação, é possível obter maior amadurecimento do aluno:

> [...] muitas vezes é questão de amadurecer em aprendizagem mesmo. Eu uso como critério todo acompanhamento e evolução do aluno e procuro imaginá-lo enfrentando situações do próximo ano.

(Escola 2 – Questionário 48)

> Na série em que atuo, vejo como uma forma de amadurecer de cada criança. A grande maioria gosta de estudar, tem vontade, mas alguns não conseguem chegar ao desejado. Não vejo a reprovação como um castigo. Acredito que o pior para a criança é seguir em frente sem conseguir acompanhar os demais [...].

(Escola 3 – Questionário 65)

O tempo de amadurecimento, a evolução ou as etapas da aprendizagem, um lugar possível e esperado de chegada através da repetição do conteúdo e do processo de ensino, o comportamento e as atitudes desejadas são enfatizados nas práticas pedagógicas como requisitos que estão inscritos em múltiplos saberes de especialistas entendidos como verdadeiros no campo educacional. Tais saberes vão possibilitando a flexibilização do currículo escolar e tornando a reprovação escolar uma prática necessária entre os professores, mas duvidosa no objetivo da aprendizagem dos conhecimentos. A reprovação do aluno parece reivindicar e manter as funções da escola como uma das instituições encarregadas de colocar em funcionamento um duplo movimento: "[...] o controle e a intervenção pontual, individualizada (de diferenciação, de correção, de castigo, de eliminação) e, por outro lado, a possibilidade de utilizar os indivíduos de acordo com o nível que tem nas séries em que ocupam" (RAMOS DO Ó, 2003, p. 39).

De acordo com tais funções, é possível pensar que, através da reprovação, não se examinam apenas conhecimentos, mas também os comportamentos e as aptidões que cada indivíduo apresenta ou não. E essa medida é tomada a partir de uma tabela universal, a qual se constitui uma técnica de hierarquização que estabelece média e infere normas do comportamento populacional. Isso pode ser pensado com base em um poder que individualiza justamente na medida em que obriga a homogeneização.

Em síntese, a escola é tomada aqui como uma das maquinarias responsáveis pela ampla normalização das sociedades modernas. Ela foi se constituindo valendo-se de diferentes campos de saberes, como disciplinares, corretivos, psicológicos, pedagógicos, clínicos, psicopedagógicos, sociológicos, econômicos, jurídicos, entre outros, que colocaram em funcionamento, a partir do século XVII, as "novas artes de governar a população". Essa ação de governar a si e ao outro também se relaciona ao sentido de "governar a conduta dos homens em quadros e com instrumentos estatais" (GADELHA, 2007, p. 97).

De acordo com Veiga-Neto (2000, p. 198), o que está havendo é "[...] uma reinscrição de técnicas e formas de saberes, competências, *expertises*, que são manejáveis por 'expertos' e que são úteis tanto para a expansão das formas mais avançadas no capitalismo, quanto para o governo do Estado". Nesse sentido, essas novas táticas colocam o Estado sob outra lógica – regra interna da economia máxima (GADELHA, 2007) –, a qual o aproxima da lógica empresarial. Essa forma de governo do Estado é guiada pela ideia de que se governava pouco e de que escapavam muitas coisas à governamentalidade, daí o motivo desse investimento na maximização das forças estatais em relação à saúde, natalidade, segurança, previdência, etc. a um custo político mínimo e econômico mínimo (GADELHA, 2007).

Se antes assistimos à função disciplinar da escola como uma das instituições encarregadas de governamentalizar o Estado, agora, percebemos que o alargamento das funções da escola tem sido crucial para o funcionamento do Estado neoliberal. Nas sociedades governamentalizadas, o poder amplia-se porque, exatamente, se dirige a homens livres, que se percebem como indivíduos autônomos. Podemos lembrar que a ênfase que tem sido dada à necessidade da escolarização para todos com o objetivo de tornar todos os sujeitos autônomos e "livres", também os coloca sob constante regulação através de políticas que orientam sua inclusão. A exemplo disso, assistimos a expansão do acesso à escola e universalização do ensino. Mas recentemente, observamos as tentativas de aumento da permanência das crianças na instituição escolar, ampliação da carga horária a ser cumprida para alguns alunos em turno integral, abertura da escola nos finais de semana, entre outras regulamentações e programas educacionais. Trata-se de tecnologias de regulação e autorregulação aplicadas com maior ênfase na população considerada em "risco social", com o objetivo de suprimir a ideia de dominação ou de imposição por relações que criam a necessidade de adesão a tais programas nos próprios sujeitos.

Para isso, o currículo faz circular e legitimar essas estratégias com base em táticas didáticas postas em prática pelos professores na escola. Essa ênfase desloca os saberes e os conteúdos para outro lugar, não mais aquele de valor incondicional do sistema escolar. Segundo Varela (1995), é preciso *aprender a aprender*, e isso quer dizer aprender a escutar-se através dos outros, bem como aprender a se *autogovernar*. A reprovação, nesse sentido, estaria muito mais a serviço de uma regulação do comportamento e das atitudes desejadas do que dos conhecimentos supostamente não aprendidos.

Assim, a reprovação escolar – mesmo sendo uma prática onerosa e combatida pelo Estado que a sustenta – constitui-se numa prática necessária ao governamento de todos. Trata-se de uma prática que posiciona o sujeito, no interior da escola, como repetente, "aluno de inclusão", "com dificuldade de aprendizagem", etc. e que, por isso, ameaça qualquer um a sair da posição de aprendente para passar a ocupar outra nomeação, que o manterá provisoriamente num lugar de exclusão.

Provocações para continuarmos pensando...

Essas análises apontam para a necessidade de estarmos cada vez mais provocando as escolas e nos provocando a pensar sobre as práticas que posicionam os sujeitos e se naturalizam no contexto escolar. Tais práticas, quando analisadas na sua relação com o contexto social, cultural e econômico mais amplo, podem deslocar nosso olhar do interior da escola. Dessa maneira, pode aparecer a possibilidade de sairmos desse lugar de culpabilização – seja do aluno, seja do professor, seja do contexto –, visualizando o conjunto de relações que produzem nossas formas de pensar. Vivemos em outros tempos, os quais têm nos exigido constantes problematizações sobre os espaços, tempos de aprendizagens e formas de compreender os saberes que foram progressivamente se transformando em conhecimento escolarizado.

Valendo-nos dessas problematizações, poderemos trazer à cena outras formas de pensar a escola e suas funções. Se o currículo é um dos operadores que colocam em prática essas funções, então, como pensá-lo a partir de outras bases que venham a deslocar de um possível lugar de chegada para todos, lugar este que dá sustentação à governamentalidade neoliberal?

Colocar em xeque os entendimentos daquilo que falta nos alunos, conforme explícitos nos excertos de falas dos professores, parece ser fundamental para enxergarmos outras possibilidades que nos levem por caminhos diversos daqueles que aprendemos desde a invenção da escola moderna, que tem sido um *locus* privilegiado para o desenvolvimento de formas de governar a população.

Se, na modernidade, como vimos, o principal instrumento de geometria curricular e de arquitetura escolar baseava-se numa matriz cartesiana, os novos tempos pedem outros modelos. No entanto, currículos mais flexíveis, conhecimentos inter ou transdisciplinares para romper com as rígidas barreiras construídas na modernidade não rompem com o instituído, e sim promovem outras reengenharias curriculares. Seria possível então pensar, baseando-se na ideia desenvolvida por Gallo (2007) que, de dentro do que ele chama de uma *educação maior* (planificada, instituída, presente nos planos de educação, nas Diretrizes ou Orientações Curriculares, nos Projetos Político-Pedagógicos, etc.), há possibilidades de construir em nosso cotidiano escolar uma *educação menor*. Construção não como uma oposição, mas simplesmente buscando jeitos diversos de pensar a escola e os sujeitos no contexto da *educação maior* instituída. Para Gallo (2007), a *educação menor* pode ser vista como experimentação, invenção de linhas de fuga:

> [...] como prática de resistência, de acreditar no mundo e na escola, apostando na possibilidade de suscitar acontecimentos [...] abrir-se para o que acontece em sala de aula ou nos outros espaços escolares, para além do planejado, do planificado, dos objetivos definidos de antemão. (GALLO, 2007, p. 100)

A repetência poderia ser compreendida como uma prática de resistência? Talvez, se atentássemos mais para a trajetória do que para o ponto de chegada. Enfim, o desafio que se coloca para continuarmos pensando é examinar a reprovação escolar para além do negativo ou positivo, para analisar o que ela produz, as diferentes posições que estabelece e as possibilidades de provocar outros processos de subjetivação dos sujeitos – diferentes daqueles que objetivam somente governá-los. A experiência pedagógica, dessa forma, pode ser intensa, deixando espaço para o acontecimento e tirando dele sua potencialidade (GALLO, 2007). Assim, a reprovação escolar poderia ser pensada a partir de outros critérios e objetivos.

Referências

ALVAREZ-URIA, Fernando. La configuración del campo de la infancia anormal. In.: *Interpretación de la discapacidad: teoría e historia de la educación especial*. (Org.). Barry M. Franklin. Ed. Pomares-Corredor, Caspe, Barcelona, 1996. p. 90-122.

FOUCAULT, Michel. *Seguridad, território y población*. México: Fondo de Cultura Económica, 2006.

GADELHA, Silvio. *Biopolítica e educação*. Fortaleza, 2007. (Texto digitado).

GALLO, Silvio. Educação menor: produção de heterotopias no espaço escolar. In: RIBEIRO, Paula R. C. et al. *Corpo, gênero e sexualidade*: discutindo práticas educativas. Rio Grande: FURG, 2007. p. 93-102.

LARROSA, Jorge. Notas sobre a experiência e o saber de experiência. In.: *Revista Brasileira de Educação*. n. 19. jan./fev./mar./abr. 2002.

KLEIN, Rejane Ramos; LOPES, Maura Corcini. Repetência escolar e os processos de in/exclusão. In.: VII Seminário de Pesquisa em Educação da Região Sul (AnpedSul). Pesquisa em educação e inserção social. ISBN 978-85-7696-040-9. Itajaí: jun. de 2008.

Ó, Jorge Ramos do. *O governo de si: modernidade pedagógica e encenações disciplinares do aluno liceal (último quartel do século XIX – meados do século XX)*. Lisboa: Educa, 2003.

VARELA, Julia; ALVAREZ-URIA Fernando. A maquinaria escolar. In: SILVA, Tomaz Tadeu (Org.). O que produz e o que reproduz em educação. *Teoria & Educação*. Dossiê: história da educação. Porto Alegre: Artmed, 1992. p. 68-96.

VARELA, Julia. Categorias espaços - temporais e socialização escolar: Do individualismo ao narcisismo. In: COSTA, Marisa Vorraber (Org.). *Discutindo a escola básica na virada do século: Cultura, Política e Currículo*. São Paulo: Cortez, 1995.

VEIGA-NETO, Alfredo. Espaço e currículo. In. LOPES, Alice Casimiro; MACEDO, Elisabeth (Orgs.). *Disciplinas e integração curricular: história e políticas*. Rio de Janeiro: DP&A, 2002. p. 201-220.

VEIGA-NETO, Alfredo. Coisas do governo. In.: RAGO, Margareth; ORLANDI, Luiz B. Lacerda; VEIGA-NETO, Alfredo (Orgs.). *Imagens de Foucault e Deleuze: ressonâncias nietzschianas*. Rio de Janeiro: DP&A, 2002.

VEIGA-NETO, Alfredo. Pensar a escola como uma instituição que pelo menos garanta a manutenção das conquistas fundamentais da modernidade. In: COSTA, Marisa Vorraber (Org.). *A escola tem futuro?* Rio de Janeiro: DP&A, 2003. p. 103-126.

"Tenho 25 alunos e 5 inclusões"

Roberta Acorsi

Aparentemente, esse lugar é simples.
(FOUCAULT, 1992, p. 20)

A inclusão nas escolas brasileiras é um fato. Tal fato se manifesta nos discursos de professores que encontram as mais variadas formas para nomear aquilo que, para eles, ora aparece como um problema, ora como mais uma demanda de que precisam dar conta. O título deste texto reflete uma dessas tantas possibilidades de "se falar em inclusão". Mas, se a inclusão é um fato e ganha ainda mais legitimidade através da fala dos professores, qual é a novidade deste texto? A novidade está em problematizar, colocar sob tensão aquele que aparentemente é um lugar simples. Ao retomar as palavras de Michel Foucault que utilizo como epígrafe, apresento o objetivo deste texto: mostrar, mesmo que minimamente, alguns dos possíveis significados que a inclusão escolar assume nos dias de hoje, colocando-os sob tensão e pensando sobre o que esses significados produzem nas escolas.

Como recorte de minha pesquisa no doutorado, este texto trata da (im)possibilidade de transformar a inclusão em números. Analiso algumas falas de professores coletadas ao longo de minha experiência como professora e também algumas estatísticas da Política Nacional de Educação Especial na Perspectiva da Educação Inclusiva (em versão preliminar), publicada pelo Ministério da Educação. Reconheço que a inclusão pode ser "lida" de inúmeras outras formas, mas isso será desdobrado ao longo de minha tese de doutorado.

Feitos esses esclarecimentos iniciais, divido o texto da seguinte forma: na primeira seção, inicio estabelecendo uma problematização acerca das discussões que tratam da inclusão na contemporaneidade e o pretenso "sucesso" das estatísticas sobre inclusão escolar. Na segunda seção, apresento brevemente a história da escola moderna e a emergência do discurso da escola para todos, condição que considero fundamental para uma compreensão do presente. Na terceira seção, que chamo de "Por falar em números", discuto especificamente as estatísticas, o que elas produzem e também as falas de professores que transformam a inclusão em casos, em números. Para finalizar, aponto algumas considerações sobre o tema e alguns outros questionamentos que deixo em aberto para seguirmos pensando.

Para iniciar a conversa

> Todas as divisas provocam ambivalência, mas esta é excepcionalmente fértil. (BAUMAN, 2005, p. 39)

São 325.316 alunos matriculados em classes comuns do ensino regular. Um crescimento de 604% nas matrículas entre 1998 e 2006.[1] Esses são os números que materializam a inclusão de alunos com deficiência nas escolas comuns no Brasil. Ao mesmo tempo em que servem para materializar o processo de inclusão escolar – assunto que tem cada vez mais se tornado pauta de um discurso do senso comum –, marcam uma divisa

---

[1] Dados retirados da Política Nacional de Educação Especial na perspectiva da Educação Inclusiva do Ministério da Educação – versão preliminar –, de setembro de 2007.

produtiva, fértil e ambivalente entre incluídos e excluídos. Ao utilizar as palavras de Bauman como epígrafe nesta seção, faço-o com o objetivo de provocar um estranhamento tanto desses números quanto da divisa que eles ajudam a manter cada vez mais nítida. Tratada dessa forma, a inclusão transforma-se em mais uma metanarrativa escolar, uma verdade que dispensa questionamentos e que tem sido "apresentada" a partir de estatísticas que demonstram "seu sucesso".

Nesse contexto, em que incluir todos na escola se converte em uma meta educacional, problematizar o processo de inclusão passa a ser praticamente "uma indecência", já que os esforços para transformar todas as escolas em *escolas inclusivas* têm se intensificado consideravelmente nos dias de hoje. Essa iniciativa de colocar a inclusão escolar como um discurso que está na "ordem do dia" é extremamente produtiva. Isso porque toda essa discussão, que extrapola os limites do espaço escolar, tem chamado a atenção para um assunto que, há alguns anos, ocupava um espaço pequeno nas discussões do cenário educacional. Entretanto, o que me preocupa nesse contexto é a naturalização do processo de inclusão, visto que as vozes que tratam dessa questão são cada vez mais polifônicas e procuram por receitas, métodos, fórmulas para *finalmente incluir a todos*. Assim, "falar" incessantemente sobre inclusão, tomando-a como uma possibilidade de resolver os problemas que se multiplicam no interior da escola, acaba provocando a sua banalização e seu enfraquecimento como um movimento de luta política pela igualdade de direitos. A banalização de um conceito trabalha a favor de sua dominação e sua compreensão.

Diante desse contexto, a inclusão ganha um status de caso. Segundo Foucault (2006), a noção de caso surge como condição para o aparecimento das noções de risco, perigo e crise. Para Foucault, a noção de caso não está ligada ao indivíduo, "mas sim [aparece como] uma maneira de individualizar o fenômeno coletivo [...] segundo a modalidade de quantificação do racional e identificável, os fenômenos individuais, para integrá-los a um campo coletivo" (FOUCAULT, 2006, p. 80, trad. minha). Daí pode aparecer uma relação com as estatísticas e percentuais que materializam o processo de inclusão no Brasil, reforçando as fronteiras entre incluídos e excluídos. Tomando-se cada matrícula, ou seja, cada caso individual, é possível estabelecer estatísticas que vão indicar as necessidades do coletivo. Em suma: é através dessa quantificação que serão criadas estratégias para que a inclusão de todos na escola comum seja possível.

A transformação da inclusão em números, estatísticas, com o objetivo de quantificar quem está incluído e quem ainda precisa ser, leva-me a questionar: de que inclusão estamos falando?

Do latim *includere*, "incluir", segundo o dicionário, tem como primeiro significado "inserir, pôr, colocar para dentro" (WIKCIONÁRIO, 2007). Com base nesse significado, incluir resume-se, então, a abrir os portões da escola a todas as crianças, colocando todas para dentro. É através desse viés que penso ser possível localizar a problemática da inclusão escolar nos dias hoje, na medida em que, na maioria dos casos, incluir tem se resumido apenas a *estar junto* em um mesmo espaço. De certa forma, isso vem sendo reforçado pelas estatísticas, que apontam o crescimento no número de matrículas de alunos com deficiência na escola regular. Essas estatísticas dizem apenas do acesso dos chamados "alunos de inclusão" à escola regular, mas não tratam de "mensurar" os índices de permanência ou de aprendizagem das crianças no espaço escolar.

Segundo Fabris e Lopes (2003), estar junto constitui-se em uma perversa estratégia de exclusão, visto que não garante condições de aprendizagem aos sujeitos. Ao contrário disso, marca a diferença entre eles e faz dessa divisa um espaço excepcionalmente fértil, na medida em que produz sujeitos a partir de sua deficiência. Ao estabelecer-se essa divisão entre "os alunos e as inclusões", conforme sugere o título deste texto, perdem-se de vista as outras tantas características que vão dizer da identidade daqueles sujeitos e definem-se as posições que eles estão autorizados a ocupar dentro do espaço escolar.

Baseando-me nessas considerações, que localizam minimamente a problemática da inclusão escolar no discurso educacional contemporâneo, passo para a seção seguinte, na qual apresentarei as condições de possibilidade para a emergência do discurso sobre a inclusão nos dias de hoje, mostrando que, embora a inclusão seja uma preocupação recente, não é "um problema" que surge nos dias de hoje.

A escola moderna e a educação para todos

Se buscarmos a gênese da escola, veremos que o processo de inclusão não é algo recente. Comenius já discutia a escola para todos. Dentro do "todos" proposto por Comenius, porém, cabiam três categorias de pessoas – homens, mulheres e pobres –, e sua ideia de ensinar tudo a todos estava ligada à capacidade de educabilidade humana. Assim, a utopia comeniana de "ensinar tudo a todos", presente também na escola contemporânea, carrega consigo a necessidade de normalizar, moldar os sujeitos a partir de um discurso binário que compreende certo e errado, bom e mau, normal e anormal, aquele que aprende e aquele que não aprende, entre tantas outras classificações possíveis.

Comenius acreditava na hipótese de que todo ser humano tinha capacidade de ser educado. Nessa concepção, não há lugar para a diferença produzida historicamente, uma vez que o próprio autor marca o anormal como exceção. Assim, ao afirmar que o anormal dispensa preocupações justamente por caracterizar-se como uma exceção, a educabilidade humana será o ponto de partida para a educação e definirá o padrão de normalidade do homem. Ou seja, os normais serão o alvo e a preocupação da escola, já que nasceram aptos para aprender. Ainda sobre isso, Comenius afirma que as diferentes aptidões ou, como ele mesmo chamou, "os ineptos" (NARODOWSKI, 2001, p. 81) são vistos como defeitos da natureza.

Com o objetivo de corrigir esses defeitos da natureza, a "educação" passa a ser o ponto de chegada, reforçando o papel de normalização que a escola moderna se propõe. Atribuindo à educação esse caráter corretivo, o processo de normalização aparece como o grande foco da escola, uma vez que as políticas educativas e pedagógicas presentes nesse espaço abordam a questão da diferença sob o olhar da normalidade, reduzindo a diferença à diversidade ou então à deficiência. Ao afirmar que a escola moderna é um espaço de normalização, considero importante trazer neste momento uma discussão, mesmo que breve, sobre a noção de norma e normalidade.

Assim como a norma, a ideia de normalidade é uma invenção relativamente recente que, nascendo do conceito de "homem médio", define aquele que seria o "ideal". Para François Ewald, norma pode ser entendida como

> [...] uma medida que simultaneamente individualiza, permite individualizar incessantemente, e ao mesmo tempo torna comparável; como um princípio de comparação, de comparabilidade, de medida comum, que se institui na pura referência de grupo a si próprio, a partir do momento em que só se relaciona consigo mesmo; como o resultado de um conjunto de operações que institui e dá sentido a polaridades cujos pólos guardam sempre uma relação assimétrica entre si. (EWALD, 1993, p. 86)

Desse modo, a norma serve como um mecanismo que vai se estabelecer, ao mesmo tempo, sobre o corpo individual e coletivo. Servirá como parâmetro para determinar tanto o normal quanto o anormal, tendo como referência o normal, o positivo, o eficiente, etc. Sua referência deixa de ser o esquadro e passa a ser a média, colocando em jogo "[...] as operações entre normal e anormal ou entre normal e patológico" (EWALD, 1993, p. 79). Ao definirem-se e marcarem-se esses polos binários, estabelece-se uma zona de normalidade dentro da norma. É nessa zona que estarão localizados aqueles que fazem parte da média. É também a partir dessa zona de normalidade que se constituirá o processo de normalização, ou seja, os esforços da escola – no caso deste texto – para trazer os sujeitos da educação para a zona de normalidade, para o normal.

Nesse contexto, a inclusão é um caminho interessante para viabilizar essa iniciativa da escola. Aqueles considerados como "ineptos" por Comenius ou então aqueles que, na escola contemporânea, chamamos, entre tantas formas possíveis, de "alunos de inclusão" passam a ser o alvo do processo de normalização, em uma tentativa constante de apagamento das diferenças em nome da igualdade e da inclusão. Em suma: norma, zona de normalidade e normalização são processos que trabalham juntos na escola, tendo como objetivo a homogeneização e o governamento dos sujeitos.

Nesse contexto, a lógica binária na qual se apoia o processo de disciplinamento e normalização proposto pela instituição escolar não permite que se fale apenas em inclusão, já que, colado a ela e, por que não dizer, de forma simultânea, se estabelece também um processo de exclusão. Isso que vemos acontecendo nas escolas em nome da inclusão trabalha para reforçar a ideia de que todos devem ter acesso à escola, mesmo que esse acesso não lhes garanta a aprendizagem, reduzindo-se, assim, a educação desses sujeitos à sua socialização. Nesse momento, inclusão e exclusão passam a ser duas faces de uma mesma moeda, e por isso me autorizo a reuni-las aqui, assim como outros autores já vem fazendo, em uma única palavra: in/exclusão. Assim, o ideal de escola para todos, defendido por Comenius na *Didática Magna* e reconfigurado na escola contemporânea através do discurso da "escola para todos", aparece como uma possibilidade para reforçar a ideia de in/exclusão que perpassa o processo de inclusão escolar.

Ante a discussão realizada até aqui, acredito que seja possível afirmar que o ideal pansófico de ensinar tudo a todos em uma escola aberta a todos vem ao encontro da utopia da inclusão contemporânea, que coloca lado a lado a inclusão e a exclusão não como princípios distintos, mas sim como princípios amarrados em uma mesma ordem, ao mesmo tempo em que posiciona a inclusão como um ponto de chegada. Segundo Fabris e Lopes,

> [...] estes conceitos fundem-se e proclamam o 'medo da diferença', assim como o apagamento de tudo que possa ser considerado ambíguo e, consequentemente, possa comprometer a clareza de quem ocupa o lado de dentro e de quem ocupa o espaço do lado de fora. (FABRIS; LOPES, 2003, p. 2)

A marcação das posições que os sujeitos ocupam no espaço escolar e também fora dele faz com que se coloquem e sejam colocados uns em oposição aos outros, definindo que "uns são o que outros não são" (FABRIS; LOPES, 2003, p. 2). Nesse contexto, a diferença, entendida como ambivalência, como algo que perturba a ordem, deve ser evitada, já que se torna uma ameaça. A diferença passa, então, a ser nomeada para que possa ser corrigida ou evitada, punida, registrada ou apagada. Mais do que isso, as diferenças são classificadas e aparecem como mais um ponto apresentado pelas estatísticas, que acabam contribuindo para materializar o sucesso da inclusão escolar na escola contemporânea.

Os mesmos esforços pela abertura da escola para todos são empreendidos pela normalização dos sujeitos, agindo sobre seu corpo com um objetivo bem maior: moldar sua alma.[2]

---

[2] Ao utilizar aqui o conceito de alma, faço-o na perspectiva foucaultiana, que entende que a alma "[...] existe, que tem uma realidade, que é produzida permanentemente, em torno da superfície, no interior do corpo pelo funcionamento de um poder que se exerce sobre os punidos – de uma maneira geral sobre os que são vigiados, treinados e corrigidos, sobre os loucos, as crianças, os escolares, os colonizados, sobre os que são fixados a um aparelho e produção e controlados durante toda a existência [...] é o elemento onde se articulam os efeitos de um certo tipo de poder e a referência de um saber, a engrenagem pela qual as relações de poder dão lugar a um saber possível, e o saber reconduz e reforça os efeitos de poder [...]" (FOUCAULT, 1987, p. 28-29).

A escola, como espaço inventado para o disciplinamento dos sujeitos, torna-se responsável por esse processo de produção de um determinado tipo de sujeito, aquele que a sociedade espera. Ninguém pode ficar fora desse processo. O disciplinamento, a correção, a normalização daqueles sujeitos marcadamente diferentes que ocupam um espaço cada vez maior na escola passa a dar o tom das práticas pedagógicas que nelas se engendram, uma vez que é na escolarização que reside a possibilidade de civilização dos sujeitos. Dessa forma, a inclusão de todos na escola garante uma população civilizada, aspecto importante para garantir ainda outro objetivo: o governamento de cada sujeito sobre si mesmo e também da população, um instrumento de governamentalidade.

Por falar em números...

A confusão entre índices e 'realidade' costuma ter consequências profundas sobre o uso e as interpretações que se dá às estatísticas (CARVALHO, 2001, p. 3).

Diante do cenário que procurei montar nas seções anteriores, apresentando minimamente as condições de emergência do discurso sobre a inclusão e também problematizando a forma como essa vem sendo colocada em prática nas escolas brasileiras, passo para uma breve análise das estatísticas que apresentam a inclusão escolar como um fato. Antes disso, quero chamar a atenção para dois pontos que considero importantes quando se trata de uma análise sobre índices, porcentagens e números que preenchem as curvas estatísticas.

Ao iniciar, aponto para uma possível confusão que pode se estabelecer entre números e realidade. Não quero tomar aqui a palavra "realidade" como uma forma de definir como é mesmo que a inclusão acontece nas escolas, nem para finalmente termos um mapa verdadeiro sobre a inclusão no Brasil. O que pretendo, ao utilizar as palavras de Marília Pinto de Carvalho no início desta seção, é chamar a atenção para o lado avesso dessas estatísticas, pensando na "realidade" que elas produzem. Além disso e, por que não dizer, principalmente, pretendo destacar as várias realidades que podem existir, entre elas, aquela apontada pelos índices estatísticos.

O segundo ponto que gostaria de salientar antes de prosseguir diz sobre a postura que pretendo assumir na escrita deste texto. De forma alguma, pretendo "demonizar" as estatísticas que dizem da inclusão escolar. O que pretendo fazer aqui é uma breve análise sobre os efeitos que essas estatísticas produzem, seja nas escolas, seja nas Secretarias de Educação, seja na mídia, seja nos discursos dos professores. Isso me permitirá levantar alguns possíveis significados para um processo que cada vez mais faz parte do cotidiano das nossas escolas. Assim, concordo com Carvalho quando ele diz que "ninguém, em sã consciência, seria capaz de negar a importância de se produzir e divulgar informação confiável sobre o sistema escolar" (2001, p. 2). Por isso, ao salientar a importância que esses dados têm para a qualificação do sistema de ensino, permito-me olhá-los, como sugere a autora, pelo avesso, indo além dos números e buscando sua produtividade.

Afastando-me de um lugar de "demonização" das estatísticas e propondo-me a pensar em sua produtividade – seja pela forma como esses dados são produzidos, seja pelos efeitos que eles produzem –, recorro aos autores Tom Popkewitz e Sverker Lindblad. Esses autores dizem que

> [...] tomar os conhecimentos sobre política e educação como uma problemática de estudo é perturbar aquilo que forma as fundações do presente para torná-lo mais uma vez estranho e nos levar a nos perguntar como conseguiu parecer tão natural. (ROSE *apud* POPKEWITZ; LINDBLAD, 2001, p. 114)

Questionando a naturalização das estatísticas como sinônimos de verdades definitivas e incontestáveis, acredito que seja possível pensar no conhecimento produzido por elas como uma ficção.

Sobre isso, valho-me de uma longa, porém pertinente, citação de Popkewitz e Lindblad:

> [...] as ficções têm um efeito prático ao 'construir' que tipo e quanto de atenção se deve dar a fenômenos sociais. Embora não sem contestações, as categorias e grandezas estatísticas entremeiam-se a outros discursos para formar um sistema de razão que rege [...] a maneira segundo a qual constituem-se problemas sobre os quais se deve agir, as relações por meio das quais causas são determinadas e problemas remediados e os caminhos para as próprias possibilidades de mudança. (POPKEWITZ; LINDBLAD, 2001, p. 112)

Pensando no conhecimento estatístico como uma ficção que estabelece os níveis de atenção, os problemas, as soluções e as possibilidades de mudança, proponho olharmos para o gráfico que segue.

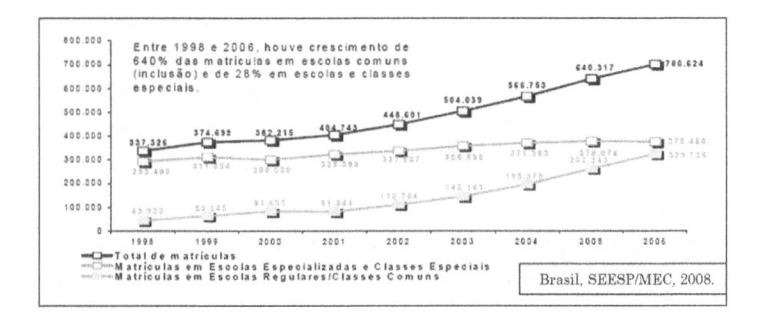

Os números que compõem esse gráfico mostram um grande avanço. Um crescimento de 640% no número de matrículas de alunos com necessidades especiais em escolas regulares é um dado que chama a atenção e, de certa forma, fala por si só. Diante desses números, quem se atreve a questionar a inclusão? "De fato", ela parece ser um sucesso. Em uma rápida comparação com a matrícula nas classes especiais, com um aumento de 28%, percebe-se que o sistema de ensino parece se tornar a cada ano mais inclusivo.

Por intermédio desses números, podemos ver determinada realidade sendo produzida. Uma realidade que ganha *status* de verdade e passa a definir ações e também a deliberar mudanças que ainda se fazem necessárias. Assim, as ações que se definem com base nesses dados servem tanto para reforçar a metanarrativa da inclusão contemporânea quanto para traçar ações que tragam aqueles que "escapam" desses índices, mostrando que ainda há quem incluir.

Olhando para essa situação, recorro à Foucault (2006) quando discute as noções de risco, perigo e crise.[3] Para isso, retomo a discussão que fiz anteriormente e que coloca a inclusão como um caso. Vamos a ela: classificar a inclusão como um caso, ou seja, como uma possibilidade de individualizar o coletivo através da classificação fará surgir a noção de risco. Essa noção se estabelecerá por meio de cálculos realizados a partir de um caso específico, sendo expresso por intermédio de uma estatística. Assim, será possível conhecer as necessidades dos indivíduos e calcular baseando-se nelas seus efeitos tanto em relação ao coletivo quanto no que tange ao indivíduo. Trazendo essa noção para a ideia de inclusão escolar, identificá-la como um caso que se materializa em um risco calculado permitirá definir as necessidades desses "sujeitos especiais" de acordo com sua idade, categoria da deficiência, recursos específicos, entre outros. Esse levantamento estatístico apontará quais as situações de perigo, ou seja, onde são necessários maiores investimentos e ações para manter as estatísticas com uma curva considerada normal. Todos esses cálculos servem para evitar o estabelecimento de uma situação de crise, entendida, nesse

---

[3] Considero importante salientar que a discussão acerca dos conceitos de risco, perigo e crise tem como base as discussões de Michel Foucault, no Curso de 1978 no *Collège de France* – "Segurité, territoire, population".

caso específico, como "o fenômeno de intensificação circular que só pode ser detido por um mecanismo natural e superior que vá freá-lo, ou por uma intervenção artificial" (FOUCAULT, 2006, p. 82 – tradução minha). Nesse contexto, surge a necessidade de criação de mecanismos de segurança para manter todos sob a curva normal constituída pelas estatísticas que definem e calculam o risco. Ou melhor: os esforços para que todos estejam na escola está a serviço não apenas desses sujeitos, como também de uma lógica maior – o governamento de todos e de cada um.

Além dessa realidade produzida, em que cuidadosamente são traçadas estratégias para, ao mesmo tempo, operar mudanças e reforçar posições, Popkewitz e Lindblad chamam a atenção para o papel das estatísticas no planejamento social. Segundo os autores, as características apresentadas pelas estatísticas não são reais; são, isso sim, "representações elaboradas para identificar e ordenar relações e permitir planejamentos sociais" (2001, p. 112).

Sobre essa questão, apresento mais um gráfico.

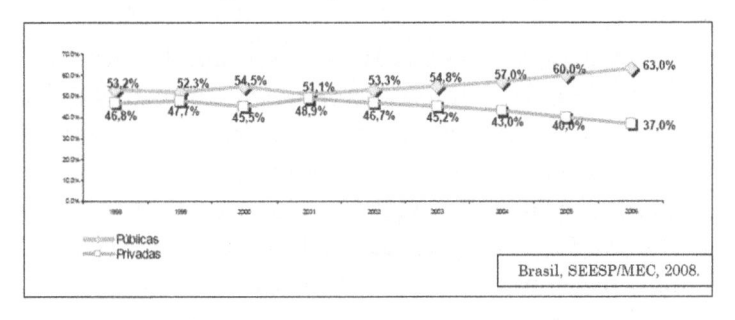

Brasil, SEESP/MEC, 2008.

Esse gráfico traz o número de matrículas de crianças com necessidades especiais em escolas públicas e privadas. Pela linha em crescimento, atingindo 63% do total de crianças matriculadas em escolas públicas, podemos perceber uma interessante maneira de o Estado mostrar sua eficácia no atendimento dessa população específica, a dos alunos com necessidades especiais.

Diante desses números, as possibilidades de um planejamento social que atenda às crianças incluídas e também àquelas que precisam ser incluídas se ampliam. Esse gráfico mostra o "Estado em ação". Apresenta sua preocupação com o Governo, no nível de Estado, e com o governamento, no nível do indivíduo. Toda essa preocupação tem como alvo a população, e é a partir daí que se estabelecem os mecanismos de segurança e de controle do risco social, e a inclusão escolar é um dos mais eficientes. Esse movimento, que envolve estatísticas, indivíduos e população, coloca em funcionamento aquilo que Foucault (2006) chamou de governamentalidade.

Todo esse investimento em esquadrinhar, classificar, quantificar pode ser pensado a partir de uma intencionalidade específica – a de produzir uma sociedade inclusiva. Nessa sociedade, onde cada um tem um lugar específico, torna-se possível manter sob controle o risco social. Contudo, essa utopia que busca uma sociedade inclusiva carrega consigo uma boa dose de ironia, uma ironia que perpassa as categorias, as divisões e as comparações que as estatísticas permitem. A ironia reside na exclusão como algo que aparece colado à inclusão (POPKEWITZ; LINDBLAD, 2001).

Diante de toda essa discussão que envolve números, permito-me apontar um de seus tantos efeitos possíveis. Para isso, retomo o título deste texto, já que consigo visualizar um desses efeitos através dos discursos dos professores quando falam sobre inclusão. Por exemplo, em afirmativas como "tenho 25 alunos e 5 inclusões", ou "para cada incluso, eu deveria ter 5 alunos a menos na minha turma", ou ainda "tenho uma inclusão, mas vale por 5", são novamente os números que representam e dizem da inclusão na escola. Outra vez, o processo se traduz em quantidades que produzem uma realidade, apontam problemas e pedem por mudanças ou soluções. Essa contagem e quantificação constantes constituem duas das "10 máquinas de produzir pessoas" trabalhadas por Hacking (2006). A primeira delas, "Conte!", fala de como "as pessoas têm sido há muito tempo contadas para fins de taxação e recrutamento" (HACKING, 2006, p. 10), e a segunda, "Quantifique!", fala sobre a necessidade de transformar números em quantidades que possam produzir tipos de pessoas, nesse caso, aqueles que os professores têm chamado de "alunos de inclusão".

Acredito que as estatísticas que apresentei ao longo de minha análise, bem como as falas dos professores, apontam o pretenso sucesso da inclusão no Brasil. Tudo isso mostra, porém, que a inclusão tem sido tomada a partir das condições de acesso ao apresentar apenas índices de matrícula, desconsiderando as condições de permanência e de aprendizagem dos sujeitos incluídos, o que novamente reduz a inclusão a um processo de socialização e humanização do outro a partir do contato com o anormal. Da mesma forma, todos esses números contribuem para fortalecer a inclusão como uma metanarrativa educacional contemporânea, ficando cada vez mais difícil questioná-la, problematizá-la. Ao apresentar e marcar o "sucesso da inclusão", as estatísticas incentivam cada vez mais iniciativas em prol de uma inclusão universal, fortalecendo a escola regular como um lugar de todos, desconsiderando as diferenças dos sujeitos e trabalhando pela igualdade no sentido de reduzir ao mesmo.

Sem esgotar as inúmeras possibilidades de discussão sobre o tema, finalizo com um questionamento que me acompanhou ao longo de todo o processo de escrita: para que discutir inclusão e propor rupturas se as estatísticas produzem uma realidade que aponta o sucesso da inclusão no Brasil? Parto desse questionamento para seguir pensando...

Referências

ACORSI, Roberta. *(Des)encaixes: espaço e tempo na escola contemporânea*. Dissertação (Mestrado em Educação) – Ulbra, Canoas, 2007.
BAUMAN, Zygmunt. *Vidas desperdiçadas*. Rio de Janeiro: Jorge Zahar, 2005.

BRASIL, Ministério da Educação. Secretaria de Educação Especial. Política Nacional de Educação Especial na perspectiva da Educação Inclusiva (versão preliminar). Setembro, 2007.

BRASIL, Ministério da Educação. Secretaria de Educação Especial. Política Nacional de Educação Especial na perspectiva da Educação Inclusiva. Janeiro, 2008. (Versão entregue ao Ministro da Educação).

CARVALHO, Marília Pinto de. Estatísticas de desempenho escolar: o lado avesso. In: *Revista Educação & Sociedade*, v. 22, n. 77, dez. de 2001.

COMENIUS, Jan Amos. *Didática Magna*. México: Porrúa, 1997.

EWALD, François. *Foucault a norma e o direito*. Lisboa: Veja, 1993.

FABRIS, Elí T. Henn; LOPES, Maura Corcini. *Quando estar junto transforma-se em uma estratégia perversa de exclusão*. 2003. Disponível em: <www.rizoma.ufsc.br/semint/Oficina%2003.htm>. Acesso em: 7 de junho de 2009.

FOUCAULT, Michel. *Microfísica do Poder*. Rio de Janeiro: Edições Graal, 1979.

FOUCAULT, Michel. Las meninas. In: FOUCAULT, Michel. *As palavras e as coisas: uma arqueologia das ciências humanas*. São Paulo: Martins Fontes, 1992. p. 19-31.

FOUCAULT, Michel. *Seguridad, território, poblacion*. Buenos Aires: Fondo de Cultura Económica, 2006.

HACKING, Ian. *Tipos de pessoas: alvos em movimento*. Palestra ministrada na Unisinos, em abril de 2006.

NARODOWSKI, Mariano. *Comenius & a educação*. Belo Horizonte: Autêntica, 2001.

POPKEWITZ, Tom; LINDBLAD, Sverker. Estatísticas educacionais como um sistema de razão: relações entre governo da educação e inclusão e exclusão sociais. In: *Educação & Sociedade*. Ano XXII, n. 75, ago./2001.

WIKCIONARIO. Disponível em: <http://www.wikcionario.com.br>. Acesso em: 16 nov. 2007.

Escola, modernidade e contemporaneidade

Viviane Klaus

Um início de conversa

> [...] bem antes de funcionar como um aparelho de ensinar conteúdos e de promover a reprodução social, a escola moderna funcionou – e continua funcionando – como uma grande fábrica que fabricou – e continua fabricando – novas formas de vida. (VEIGA-NETO, 2003, p. 108)

É comum ouvirmos que a escola está em crise e que, por isso, ela precisa ser repensada com urgência. Inúmeros profissionais diretamente envolvidos ou não com a instituição escolar buscam alternativas para a construção de um "novo modelo educativo". A escola, dizem os especialistas, precisa ser diferente, promover a criticidade, a cidadania, o protagonismo docente e discente, desenvolver a autonomia de seus alunos e alunas, entre outras questões. Muitas são as discussões no campo educacional: *como* despertar o interesse das crianças e dos jovens pelos conteúdos escolares; *como* lidar com os "casos" de inclusão; *como* promover a aprendizagem de todos os envolvidos no processo educativo; *como* fazer com que a criança permaneça no ambiente escolar; *como* envolver todo o corpo docente no projeto da escola; *como* fazer com que as famílias participem do cotidiano escolar; *como* competir com a televisão e com os meios de comunicação em geral, que são muito mais atrativos do que a escola; entre outras preocupações com uma suposta melhoria da educação escolarizada.

O mais curioso, porém, é que, além da intensificação dessa trama discursiva que relata e produz a crise da escola moderna (que está diretamente relacionada com a crise da própria modernidade), encontramos, talvez na mesma proporção, discursos que reforçam a importância da instituição escolar.

Na introdução do livro *A escola tem futuro?*, Costa (2003) problematiza o suposto desaparecimento ou a substituição da escola moderna (graças a todas as mudanças no contexto atual), contrastando-o com o destaque crescente dessa nas tramas e narrativas do cinema e da televisão, na mídia escrita e no imaginário do povo. Segundo Costa (2003, p. 22), "parece que a escola do século XXI ainda se mantém como uma instituição central na vida das sociedades e das pessoas. Ela não carece de vitalidade. Seu propalado anacronismo parece ser seu catalisador, como uma fênix que renasce das próprias cinzas [...]".

Eis aí um paradoxo. Ao mesmo tempo em que a modernidade e a escola moderna estão em crise, esta tem sido alvo de inúmeros projetos elaborados pelas mais variadas instituições, Secretarias de Governo, ONGs e sociedade civil em geral. À questão "A escola tem futuro?", Veiga-Neto (2003, p. 125) dá esta resposta: "Sim... temos que pensar na escola como ela vinha sendo, naquilo que ela pode se transformar ou naqueles aspectos e práticas em que ela pode se ressignificar. Pensar nela, então, como ela era, como ela está sendo e como ela pode vir a ser [...]".

Se tomarmos como exemplos a expansão do ensino fundamental para nove anos, as propostas dos governos de uma escola que funcione em turno integral, o Projeto Escola

Aberta,[1] o projeto Escola que Protege,[2] entre outros tantos que "atravessam" o currículo escolar, perceberemos o fortalecimento da escola como um *locus* fundamental para o gerenciamento do risco social, até pela própria reconfiguração do Estado e do espaço social mais amplo. Talvez isso se dê porque a escola é a instituição que se estende de forma mais ampla e duradoura a todos os indivíduos desta sociedade, que quer ser civilizada (VEIGA-NETO, 2003).

Uma fala muito recorrente das supervisoras escolares com quem trabalhei é a de que as escolas não "dão conta" de todos os projetos que lhes são propostos. Como exemplo desses projetos, podem-se citar: Projeto de Trânsito (Departamento de Trânsito); Proerd (Programa Educacional de Resistência às Drogas, promovido pela Polícia Militar); Juventude Cidadã (Coordenadoria da Juventude); Flúor na Escola (Secretaria de Saúde); Bullying na Escola (discussão da violência praticada entre pares); SPE (Projeto Saúde e Prevenção nas Escolas, que é uma parceria entre Ministério da Saúde, Ministério da Educação, Unicef e Unesco e que visa a articular governo e organizações da sociedade civil para a promoção de ações integradas entre saúde e educação), entre outros. As escolas ditas "democráticas" estão abertas a todas essas parcerias e projetos, que fazem circular inúmeros discursos sobre a educação escolarizada, o que muitas vezes descaracteriza, enfraquece e/ou reconstitui o discurso pedagógico. Todavia, o mais interessante é que os

---

[1] O programa Escola Aberta foi criado a partir de um acordo de cooperação técnica entre o Ministério da Educação e a Unesco e consiste na abertura da escola nos finais de semana para a realização de diversas atividades que visam à ampliação das relações entre escola e comunidade, à redução da vulnerabilidade social e da violência na comunidade escolar, à formação para a cidadania (BRASIL, 2008a)

[2] Este projeto foi implementado pelo Ministério da Educação por meio da Secretaria de Educação, Alfabetização e Diversidade. O projeto disponibiliza subsídios para que os profissionais possam atuar no enfrentamento à violência (articulação do tema com o campo educacional). Para mais informações, sugiro ver: BRASIL, 2008b.

próprios discursos pedagógicos (talvez principalmente aqueles que discutem o processo de democratização da escola pública) fazem parte de uma trama que possibilita o alargamento das funções da instituição escolar na contemporaneidade.

As equipes diretivas que procuram estabelecer algumas fronteiras que demarquem minimamente as funções da escola pública, dizendo, por exemplo, que a aplicação de flúor não deve ser feita por professores, mas por profissionais da área da saúde, são muitas vezes mal interpretadas e apontadas como "não democráticas". Para que a ampliação das funções da instituição escolar ocorra, uma nova concepção de gestão escolar se faz necessária. Governos apontam, com frequência, a necessidade de uma gestão compartilhada, indicando importância da participação da comunidade escolar na tomada de decisões. As palavras de ordem são "descentralização" e "democratização". Concordo com Giddens (2003) quando diz que um Governo autoritário entraria em descompasso com a flexibilidade e com o dinamismo necessários para se competir na economia eletrônica global. Certamente, num governo de soberania, de unidade, o governamento de todos por todos não seria possível, como dizem Hardt e Negri (2005, p. 426):

> [...] a autonomia da multidão e suas capacidades de auto-organização econômica, política e social privam a soberania de qualquer papel. Não só a soberania deixou de ser o terreno exclusivo do político, como a multidão exclui a soberania do político. Quando a multidão finalmente se torna capaz de governar a si mesma, a democracia é possível.

É interessante observar como temas que foram tão caros aos movimentos sociais, como é o caso, por exemplo, da democracia, reconfiguram-se dentro da lógica neoliberal. Assistimos a um verdadeiro borramento de fronteiras entre Partidos de Direita e Partidos de Esquerda, o que pode ser evidenciado a partir da transferência de temáticas de uns para os outros. Pierucci (1999, p. 84) diz que:

[...] Nos anos iniciais da redemocratização do Brasil, meados dos anos 80, lutas e mobilizações políticas se faziam, à esquerda e à direita, tematizando obliquamente a questão das identidades culturais. Com efeito, quando se põe no centro do discurso e no foco das mobilizações direitistas temas como aborto e pornografia, ou seja, quando o que se projeta como alvo do exercício da ação política é a conservação de valores morais convencionais e, por conseguinte, de modos de vida e identidades coletivas relativamente arraigados, cabe mais uma vez a pergunta que indaga do paralelismo entre os novos rebentos ideológicos em ambos os lados do espectro político-ideológico: a 'nova' esquerda e a 'nova' direita. Ambas embaralhando as cartas, fazendo a partilha de causas preservacionistas, que são, queiramos ou não, conservantistas. A 'nova' esquerda conferindo-lhes o charme, a 'nova' direita relembrando-nos de seu perigo.

Penso que o processo de democratização da escola pública, que na atualidade está diretamente conectado às novas relações do capitalismo flexível, possibilita a reconfiguração da instituição escolar no mundo contemporâneo. Os discursos sobre gestão democrática abordam a questão da autonomia da instituição escolar, da descentralização de responsabilidades e da gestão compartilhada. Essa é uma forma de abertura da instituição escolar e de extensão das suas funções. A escola, numa relação de imanência com a sociedade, acaba por produzir novas formas de governamentalidade ao mesmo tempo em que é produzida por elas. Volto aqui à epígrafe que abre este artigo, pois, como nos diz Veiga-Neto (2003), a escola fabricou (na modernidade) e continua fabricando (na contemporaneidade) novas formas de vida.

Para melhor discutir as relações entre "Escola, modernidade e contemporaneidade", dividi o artigo em três seções, que estão diretamente relacionadas.

Na primeira seção, intitulada "A emergência da 'razão de Estado' e o início do processo de escolarização", discuto brevemente como a escola moderna esteve implicada na fabricação da modernidade ao mesmo tempo em que foi produzida por ela. Marco o elo existente entre a escola e a sociedade modernas: a disciplinaridade. Penso que essa seção é importante para que o leitor possa compreender as seções seguintes e a implicação da escola na emergência de novas formas de vida (na modernidade e na contemporaneidade).

Na segunda seção, intitulada "Liberalismo, neoliberalismo e a emergência da gestão governamental", digo que, a partir da metade do século XVIII, a população será tomada em sua positividade (multiplicidade dos homens, biopolítica da espécie humana). Com base nos escritos de Rose (1996a), abordo elementos importantes do liberalismo e do neoliberalismo, da perspectiva do governamento. Para discutir o alargamento das funções da instituição escolar na contemporaneidade, é necessário dispor algumas peças do "tempo presente". É preciso compreender minimamente o que se passa no contexto neoliberal.

Na terceira seção, intitulada "Gestão democrática da escola pública e gerenciamento do risco social", abordo a importância da democratização num mundo flexível, dinâmico e competitivo. Com a desestatização da educação e de outros serviços "públicos", é preciso gerenciar a escola e o risco social de outras formas. Utilizo, nessa seção, material produzidos pelo Ministério da Educação que aborda a gestão democrática da escola pública. Dou visibilidade a alguns recortes, de forma que o leitor possa compreender como esse tema vem sendo narrado na atualidade, bem como o que ele vem produzindo no interior das escolas. Não discutirei aqui as lutas que ocorreram nos anos 1980 na busca pela democratização da sociedade. Trabalharei com a transferência dessa temática para o contexto neoliberal.

Nas páginas que seguem, apresento (de forma bem inicial) algumas das ramificações do poder que constituem o que chamamos "tempo presente".

A emergência da "razão de Estado" e o início do processo de escolarização

> Deixado por sua própria conta, fora do alcance dos holofotes da história e antes da primeira sessão de ajuste com os planejadores, o mundo não é ordenado nem caótico, nem limpo nem sujo [...] O mundo é administrável e exige ser administrado, já que tem sido refeito na medida da compreensão humana [...] (BAUMAN, 2005, p. 29).

Na aula de 8/2/1978 ministrada no urso "Segurança, território e população", Michel Foucault aponta os diferentes significados atribuídos ao termo "governar" ao longo do tempo e do espaço. Segundo Foucault, antes de a palavra "governar" adotar o seu sentido político, o seu sentido estatal – o que ocorrerá do século XVI em diante –, ela abrange vasto domínio semântico que se refere ao movimento, ao deslocamento no espaço, à subsistência material, aos cuidados que se podem dispensar a um indivíduo, ao exercício de um mando, a uma atividade prescritiva, ao controle que se pode exercer sobre os outros e sobre si mesmo, a um comércio que tem relação direta com o processo de circulação e troca que passa de um indivíduo a outro. Pode-se dizer que, antes do século XVI, "... nunca se governa um Estado, nunca se governa um território, nunca se governa uma estrutura política. Os governados, contudo, são gente, homens, indivíduos, coletividades[3] [...]" (FOUCAULT, 2006, p. 149). Essa forma de governamento dos homens baseia-se no poder pastoral, que é um poder finalizado sobre aqueles mesmos sobre quem se exerce, e não sobre uma unidade, seja ela o território, seja ela o Estado, seja ela a cidade. O pastorado é um poder de tipo religioso que tem seu princípio, seu fundamento e sua perfeição no poder que Deus exerce sobre o seu

---

[3] Tradução minha.

povo. O poder do pastor se exerce sobre uma multiplicidade em movimento (FOUCAULT, 2006).

Nos séculos XV e XVI, essa forma de "governar" entrou em crise. Decorreu daí uma busca por novas formas de espiritualidade e de novas relações entre pastor e rebanho, bem como de novas maneiras de "governar" as famílias, o principado, as crianças – formas de conduzir a própria conduta e de conduzir a conduta dos outros (FOUCAULT, 1997).

As novas artes de governar que emergiram no final do século XVI e na primeira metade do século XVII ocorreram em torno da "razão de Estado". Tal "razão de Estado" toma forma em dois conjuntos políticos de saber e de tecnologia: uma tecnologia diplomático-militar (desenvolvimento das forças do Estado por um sistema de alianças e pela organização de um aparelho armado); e a polícia, que é responsável por garantir o Estado de Wohlfahrt (riqueza-tranquilidade-felicidade), ou seja, ela é concebida nessa época como tecnologia das forças estatais (FOUCAULT, 1997).

Mesmo partindo do pressuposto de que o Estado tem uma natureza e racionalidade próprias, nesse período (séculos XVI e XVII), as artes de governar não conseguem entrar em funcionamento de forma efetiva, pois, por um lado, existe um quadro muito vasto e rígido da soberania e, por outro, um modelo inconsistente da família e, consequentemente, da economia, que estava muito ligada ao doméstico (FOUCAULT, 2006). Os mercantilistas da época esperavam que, através do enriquecimento pelo comércio, tivessem um aumento da população, da mão-de-obra, da produção, da exportação e dos armamentos (FOUCAULT, 1997).

Essa forma de governamento teve como pressuposto principal a arquitetura disciplinar do espaço (a regulação das circulações, a regulação das condutas...). Pode-se dizer que as disciplinas emergem nesse contexto. Segundo Foucault (2006), a disciplina analisa e decompõe os indivíduos e os lugares; classifica os elementos em função de determinados objetivos; estabelece sequências ou coordenações; fixa os procedimentos de adestramento progressivo e controle permanente; distingue quais serão qualificados como inaptos e incapazes e os demais.

A escola terá, a partir daí, papel fundamental na organização social, na regulação das condutas, dos gestos, dos comportamentos. Veiga-Neto (2003, p. 107) diz que:

> O elo entre escola e sociedade modernas é a disciplinaridade – e aqui me refiro tanto à disciplina-corpo quanto à disciplina-saber. Ambas estão implicadas num tipo de poder – o poder disciplinar – do qual depende a nossa 'capacidade' de nos autogovernarmos mais e melhor.

Pode-se dizer que o projeto moderno se sustentou na ideia de ordenação e de estruturação de toda a sociedade. Os "necessários" discursos universais e totalizantes – metanarrativas – forneceram e fornecem a ilusão de uma história humana universal, de verdades únicas, transcendentais. Tais metanarrativas são condições de possibilidade para a propagação e a manutenção da ordem em tudo. Ordenar pressupõe terminar com a ambiguidade, limpar toda a sujeira, alcançar uma mesmidade, chegar a um todo coerente e único, terminar com o caos. Perante a ameaça da desordem, tem-se a possibilidade da ordem, de um mundo governável. Penso que as perguntas que têm sido feitas por professores e especialistas que buscam saber "como salvar a escola, como salvar a família, como salvar a educação como um todo" estão diretamente relacionadas com esse desejo de ordenação, de fim da ambivalência. Mas, como nos diz Bauman (2005, p. 35), "um projeto à prova de equívocos, à prova de riscos, é algo muito próximo de uma contradição".

A escola fabricou a sociedade disciplinar ao mesmo tempo em que foi fabricada no interior dela, mas a ampliação da instituição escolar ocorre ao longo dos séculos XVIII e XIX.

Nesse período, novas racionalidades políticas são implementadas (gestão governamental). Como abordei anteriormente, durante os séculos XVI e XVII, a arte de governar não pôde entrar em funcionamento de forma efetiva. O desbloqueio da arte de governar (possibilidade de encontrar a sua dimensão própria, em vez de ficar entre o soberano e a família) só foi possível a partir da emergência da problemática da população. Foucault (2006) diz que a problemática da população permitiu eliminar a família como modelo de governo (ela será um instrumento fundamental no interior da população) e centralizar a economia em outra coisa, ou seja, a passagem de uma arte de governo para uma ciência política ocorre no século XVIII em torno da população e do nascimento da economia política.

O início do processo de escolarização deu-se nesse contexto de emergência da razão de Estado (mecanismos disciplinares) e foi-se ampliando no contexto de gestão governamental (mecanismos de seguridade). Se tomarmos como exemplos os discursos sobre "todos na escola", perceberemos que eles seguem vivos até hoje, no século XXI. É claro que a noção de "todos" sofre vários deslocamentos que têm relação direta com as formas de governamento da população.

Liberalismo, neoliberalismo e a emergência da gestão governamental

> Necessitamos de uma consciência histórica da situação presente (FOUCAULT, 1995, p. 232).

Da metade do século XVIII em diante, a população vai ser tomada em sua positividade e produtividade (multiplicidade dos homens, biopolítica da espécie humana). A naturalidade da população é importante, já que permite que essa seja permanentemente acessível a agentes e técnicas de transformação, sem contar que caracteriza uma mutação na organização e na racionalização dos métodos de poder (FOUCAULT, 2006). Assiste-se, assim, à emergência da sociedade de gestão governamental ou de segurança. Importa dizer que

> [...] não há sucessão: lei, logo disciplina, logo segurança; esta última é, antes de tudo, uma maneira de somar, de fazer funcionar, para além dos mecanismos disciplinares propriamente ditos, as velhas estruturas da lei e da disciplina. (FOUCAULT, 2006, p. 26).

As formas de governar seguem sendo problematizadas e ganham novos contornos. No princípio da "razão de Estado", a questão era a de que "governa-se muito pouco". Portanto, é preciso governar (regular) sempre mais. Para o liberalismo (século XVIII), governa-se sempre demais (FOUCAULT, 2007). O liberalismo foi definido no livre jogo dos interesses individuais. Rose (1996a) destaca quatro características importantes do liberalismo, visto da perspectiva do governamento:

1. Uma nova relação entre governo e conhecimento (as estratégias liberais amarram o governo ao conhecimento da conduta humana desenvolvida pelas Ciências Humanas e Sociais).

2. Uma nova especificação dos sujeitos de regulamento como agentes do seu governo (indivíduos que controlarão a si próprios, tomarão conta de si mesmos).

3. Uma relação inerente à autoridade da *expertise*.

4. Um continuado questionamento da atividade do governo (insatisfação com o governo, questão da democracia e da *expertise*).

Segundo Rose (1996a), o neoliberalismo, ao contrário do liberalismo, não renuncia à vontade de governar, mas inventa e coloca em prática novas estratégias de governamento. Entre elas, o autor cita:

1. Uma nova relação entre *expertise* e política. Transformação das atividades – a operação de um paciente, a educação de um estudante, a promoção da entrevista do cliente com um assistente social – em termos de dinheiro, estabelecendo novas relações de poder. Rose cita o "mercado livre", onde as relações entre cidadãos e *experts* não são organizadas nem reguladas por meio de coerção, mas através de atos de escolha. Ao falar da noção de "compradores", ele destaca (entre outras questões) a "autonomização" das escolas (competição no mercado de alunos, funcionamento da escola segundo a lógica da empresa).

2. Uma nova pluralização das tecnologias sociais. Processo de "desestatização do governo". Emergência de novas formas de governamento através da moldagem dos poderes e vontades de entidades autônomas, empresas, organizações, comunidades,[4] profissionais, indivíduos. Isso acarretou a implantação de modos de cálculo particulares nos agentes, a substituição de certas normas, como as de trabalho e dedicação, por outras, como as de competição, qualidade e demanda do cliente.

3. Uma nova especificação do sujeito de governo. A razão política precisa agora justificar-se e organizar-se, discutindo sobre as providências adequadas à existência dos indivíduos como criaturas de liberdade, direitos e autonomia. O seguro social, como princípio de solidariedade, dá lugar a um tipo de privatização do controle do risco. E o serviço social, como meio de civilização sob tutela, cede lugar ao conselheiro particular, ao manual de autoajuda e ao auxílio através da linha telefônica.

Analisando os pontos discutidos por Rose (1996a), é possível perceber uma relação de imanência entre sociedade e escola. A escola ganha novos contornos a partir da sua autonomização, da lógica da empresa, da desestatização da educação, da competitividade, das parcerias, do voluntariado,

---

[4] Em minha dissertação de mestrado (Klaus, 2004), abordei a questão da comunidade como forma de espacialização do governo na contemporaneidade. Para tal, vali-me dos estudos realizados por Rose (1996b) e Bauman (2003).

da privatização do controle do risco social – fenômenos que estão inter-relacionados.

Inúmeros discursos abordam a necessidade de "democratização" das relações no interior da escola, de uma concepção de gestão escolar mais "aberta", "flexível", "parceira", "autônoma" – isso tudo em nome de uma escola pública (em tempos de desestatização e privatização desenfreadas) de qualidade. Certamente, em tempos de desengajamento coletivo e de novas formas de engajamento nas comunidades, a escola é um ótimo lugar para o gerenciamento do risco social.

As políticas educacionais geralmente abordam a importância de assegurar o acesso, a permanência e a aprendizagem de "todas" as crianças numa escola pública (e, portanto, gratuita, o que é sempre frisado). Contudo, muitos dos projetos elaborados pelos governos municipal, estadual e federal buscam parcerias com Organizações Não Governamentais – ONGs – (que recebem auxílio do governo), instituições da sociedade civil e empresas, o que promove e reforça a desestatização da educação, ou seja, o deslocamento de uma ênfase na dimensão pública estatal para uma ênfase na dimensão pública não estatal.

Para que a comunidade escolar gerencie a escola e promova ações de governamento mútuo, uma nova concepção de gestão escolar faz-se necessária. Retomo aqui parte de um excerto utilizado no início deste artigo: "[...] Quando a multidão finalmente se torna capaz de governar a si mesma, a democracia é possível" (HARDT; NEGRI, 2005, p. 426).

Gestão democrática da escola pública e gerenciamento do risco social

> [...] O significado da vida não sobreviveria à extinção do medo. A segurança pareceria o toque fúnebre de uma vida significativa e deixaria a nu o absurdo dessa existência [...].
> (BAUMAN, 2006, p. 95)

Em seu livro *Europa: uma aventura inacabada*, Bauman incita-nos a pensar nas novas configurações do mundo contemporâneo aliadas ao gerenciamento do risco social. Pode-se dizer que estamos experienciando uma nova paisagem de risco global, na medida em que inúmeras incertezas fabricadas[5] ("verdadeiras" incertezas) têm sido reforçadas por rápidas inovações tecnológicas e respostas sociais aceleradas (BECK, 2006). Beck (2006, p. 5) afirma que "risco é um conceito moderno. Pressupõe decisões que tentam fazer das consequências imprevisíveis das decisões civilizacionais decisões previsíveis e controláveis [...]". Segundo o autor (2006, p. 5), "a *novidade* da sociedade de risco repousa no fato de que nossas decisões civilizacionais envolvem consequências e perigos globais...".

Tal *novidade* marca algumas (des)continuidades em relação à modernidade, de forma que está se dando uma espécie de comercialização do medo, ou seja, a transferência maciça desse recurso da esfera do poder político para a dos atores do mercado – esse recurso foi o primeiro a ser privatizado e desregulamentado (BAUMAN, 2006). O Estado contemporâneo já não pode cumprir a promessa do Estado social, de forma que os políticos pedem aos eleitores que estes sejam mais flexíveis e busquem soluções individuais para os problemas socialmente produzidos (BAUMAN, 2006).

---

[5] Giddens (2003) faz uma distinção entre dois tipos de risco: o risco externo e o risco fabricado. O risco externo seria aquele experimentado como vindo de fora, das fixidades da natureza ou da tradição. O risco fabricado seria aquele criado pelo próprio impacto do nosso crescente conhecimento sobre o mundo. Para elucidar a distinção entre esses dois tipos de risco, o autor diz que, em toda cultura tradicional (até mais ou menos o início da presente época), os seres humanos sempre se inquietaram com os riscos provenientes da natureza externa. A certa altura, porém, passamos a nos inquietar menos com o que a natureza pode fazer conosco e mais com o que nós fizemos com a natureza. Importa dizer que, para alguns autores, todo risco é fabricado, como é o caso, por exemplo, de Ewald (1993). Para ele, a produção do risco dependerá da maneira como se analisa o perigo e como se considera o acontecimento, de forma que "é próprio da segurança constituir um certo tipo de objetividade, dar a certos acontecimentos familiares uma realidade que lhes muda a natureza" (EWALD, 1993, p. 89).

Eis aí uma das rupturas da passagem da modernidade para a contemporaneidade, que, segundo Hardt e Negri (2003), pode ser entendida como a desefetivação do político. Esses autores comparam o Império (atualidade) a uma águia de duas cabeças. A primeira delas é uma estrutura jurídica e um poder construídos pela máquina de comando biopolítico. A segunda delas é a multidão plural de subjetividades que estão em movimento perpétuo e formam constelações de singularidades. Ao invés de criar divisões, o Império reconhece as diferenças existentes, festeja-as e administra-as dentro de uma economia geral de comando. Seu triplo imperativo é incorporar, diferenciar e administrar (HARDT; NEGRI, 2003). A máxima é "ninguém pode ficar de fora".

No que se refere à escola, os gestores[6] escolares devem zelar pelo acesso, pela permanência e pelo sucesso escolar, além de buscar continuamente recursos para a autogestão da escola. Em um dos vídeos do ensino médio lançados pelo MEC, vários especialistas discutem "as políticas públicas e a gestão escolar". Durante os vídeos, além da fala dos *experts*, aparecem cenas do cotidiano de várias escolas que tiveram experiências de "sucesso". Transcrevo abaixo o relato de uma gestora escolar:

> Fizemos as reuniões depois do planejamento escolar para montar o Projeto Político Pedagógico da escola. E os alunos que estavam fora da escola, mesmo sem reunião nenhuma, em janeiro já havia recolhido todos. Mesmo aqueles que tinham sido expulsos, aqueles que já tinham desistido muitos anos, nós tínhamos alunos tudo com 18, 19, 17, na 6ª série, né? E esses alunos, a gente foi, eu recolhi todos para dentro da escola. Eram oito classes ociosas à tarde e, à noite, uma. A noite teve tanta procura que nós tínhamos 55 alunos na sala. Toda semana, a gente ia na sala, eu ia na sala, conversava. Nós tínhamos muito

---

[6] Os diretores escolares têm sido chamados recorrentemente de "gestores". Vários programas buscam formar esses "gestores" valendo-se da lógica da empresa.

> ex-Febem. Até hoje, a gente tem, e tínhamos até cadeião mesmo, cadeia mesmo, e graças a Deus essa consciência tranquila que os professores da Escola Renato de Arruda Penteado, eu acho que têm, porque todos participaram, assim, na recuperação desses jovens, desses adolescentes que hoje estão no mercado de trabalho trabalhando.

(MELLO *apud* BRASIL, s/d, DVD 25)

Gostaria de destacar algumas questões importantes valendo-me da fala transcrita acima. A primeira delas diz respeito ao tema do DVD "As Políticas públicas e a gestão escolar". Durante todo o vídeo, a noção de política pública permanece empalidecida. Discutem-se formas de resolução dos problemas a partir do empenho dos gestores escolares e da participação da comunidade escolar. A própria questão de financiamento da educação, em parte, começa a ser uma questão de comunidade local. Na fala de Eliana Bernardo de Mello, é possível perceber que, para garantir o acesso escolar, a gestora procurou os alunos que estavam fora da escola para que esses passassem a frequentá-la. Ela relata que "a noite teve tanta procura que nós tínhamos 55 alunos na sala". Gostaria de destacar que a superlotação da sala de aula não é pauta de discussão. A falta de condições mínimas no interior das escolas naturaliza-se a tal ponto que tudo passa a ser uma questão de "gestão escolar". Da mesma forma, quando a diretora diz "nós tínhamos muito ex-Febem, até hoje a gente tem e tínhamos até cadeião mesmo, cadeia mesmo [...]", ela não discute as causas da violência urbana, os reflexos dessa violência no interior da escola, a ausência de políticas públicas efetivas.

Ao referir-se à gestão democrática da escola pública, o atual Ministério da Educação (BRASIL, 2008c, grifos do Ministério) diz que:

> Considerando o contexto em que se materializam as práticas educativas e, fundamentalmente, buscando compreender a importância de *ações políticas visando ao redimensionamento da gestão escolar*, no sentido de democratizá-la, é essencial repensarmos os modelos de gestão vigentes, a noção de democratização que possuímos, bem como aperfeiçoarmos os mecanismos de participação existentes.

Para que a gestão democrática aconteça, o Ministério destaca a importância da eleição de diretores, que por si só não garantiria mais qualidade, e a necessidade de outras formas de vivência da democracia, entre elas, o Conselho[8] Escolar e as APMs – Associações de Pais e Mestres. De acordo com o Ministério da Educação (BRASIL, 2004), o Programa Nacional de Fortalecimento dos Conselhos Escolares conta com a participação de organismos nacionais e internacionais em um Grupo de Trabalho constituído para discutir, analisar e propor medidas para sua implementação. Os participantes do Programa Nacional de Fortalecimento dos Conselhos Escolares são os seguintes: Conselho Nacional de Secretários de Educação (Consed); União Nacional dos Dirigentes Municipais de Educação (Undime); Confederação Nacional dos Trabalhadores em Educação (CNTE); Fundo das Nações Unidas para a Infância (Unicef); Organização das Nações Unidas para a Educação, a Ciência e a Cultura (Unesco); Programa das Nações Unidas para o Desenvolvimento (PNUD). De acordo com o MEC (BRASIL, 2008c), um dos objetivos desse programa é:

---

[8] Segundo Brasil (2004, p. 32), "os Conselhos Escolares são órgãos colegiados compostos por representantes das comunidades escolar e local, que têm como atribuição deliberar sobre questões político-pedagógicas, administrativas, financeiras, no âmbito da escola. Cabe aos Conselhos, também, analisar as ações a empreender e os meios a utilizar para o cumprimento das finalidades da escola [...]".

> Ampliar a participação das comunidades escolar e local na gestão administrativa, financeira e pedagógica das escolas públicas.

Entre as práticas que demonstram essa gestão compartilhada, destaco uma das muitas experiências relatadas no Portal do MEC:

> Pais atuantes são o segredo de escola modelo em Goiás:
>
> APM – A Associação de Pais e Mestres da escola participa ativamente. A APM foi formada inicialmente pelos mesmos pais que exigiram a fundação da escola em 1988. Unida à direção, ela faz parte da administração da escola. Os gastos são submetidos à associação, que promove festas e eventos para angariar fundos. Com o dinheiro das festas, a escola já comprou televisão, aparelho de DVD, máquina de xerox e *datashow*. Mas, para Oliveiro dos Santos, ainda há muito a ser feito. 'Precisamos aumentar o número de salas e comprar mais livros para a biblioteca', ressalta.

(BRASIL, 2008d)

Como já havia falado anteriormente, a questão da busca de recursos para a manutenção da escola passa a ser uma questão de gestão escolar. É muito comum as escolas buscarem diversas parcerias para conseguirem recursos financeiros. De acordo com um gestor escolar:

> [...] a escola tem que estar fazendo alguma parceria, ela tem que buscar parceria junto à comunidade para poder estar sobrevivendo legal.

(FERRAZ *apud* BRASIL, s/d, DVD 25)

Essa forma de gerenciamento da educação só é possível a partir da "participação" da sociedade civil. Muitos projetos emergem no contexto social e, como falei no início deste artigo, a escola passa a ser um excelente lugar para colocá-los em prática. Decorre daí um alargamento das funções da instituição escolar porque tudo passa a ser "uma questão de educação". A escola, através de uma gestão democrática e do estabelecimento de parcerias, assume atribuições que seriam do Estado. Para a questão "qual a função social da escola pública?", o MEC (BRASIL, 2004, p. 18, grifos meus) dá esta resposta:

> A escola pública poderá, dessa forma, não apenas contribuir significativamente para a democratização da sociedade, como também ser um lugar privilegiado para o exercício da *democracia participativa*, para o exercício de uma cidadania consciente e comprometida com os interesses da maioria socialmente excluída ou dos *grupos sociais privados dos bens culturais e materiais produzidos pelo trabalho dessa mesma maioria*.

Pode-se perceber que, na escola, são colocadas em ação técnicas de governamento de si e de governamento dos demais, com a autogestão das comunidades tornando-se extremamente produtiva e econômica. No contexto atual de consumo desenfreado, de volatilidade, de mobilidade, de privatização do controle do risco social, de novas organizações familiares, a escola é um excelente lugar de gerenciamento do tempo dos "grupos sociais privados dos bens culturais e materiais produzidos pelo trabalho dessa mesma maioria" (BRASIL, 2004, p. 18). Portanto, ao contrário do que pensávamos, a escola não perdeu a sua importância na atualidade – ela se reinscreve, adquirindo novos contornos.

Referências:

BAUMAN, Zygmunt. *Comunidade: a busca por segurança no mundo atual*. Rio de Janeiro: Jorge Zahar, 2003.

BAUMAN, Zygmunt. *Vidas desperdiçadas*. Rio de Janeiro: Jorge Zahar, 2005.

BAUMAN, Zygmunt. *Europa: uma aventura inacabada*. Rio de Janeiro: Jorge Zahar, 2006.

BECK, Ulrich. Incertezas fabricadas. *IHU Online* (www.unisinos.br/IHU), São Leopoldo, ano 6, n. 181, p. 4-11, 22 de maio de 2006.

BRASIL. Ministério da Educação. Secretaria de Educação Básica. *Conselhos Escolares: democratização da escola e construção da cidadania*. Brasília: MEC, SEB, 2004.

BRASIL. Ministério da Educação. *Políticas públicas e a gestão escolar*. TV Escola, Secretaria de Educação a Distância. DVD Ensino Médio Fazendo Escola. Brasília: Ministério da Educação, s/d, DVD 25.

BRASIL. Ministério da Educação. *Escola Aberta*. Disponível em: <http://www.fnde.gov.br/home/index.jsp?arquivo=escola_aberta>. html. Acesso em: 25 jul. 2008a.

BRASIL. Ministério da Educação. *Escola que protege*. Disponível em: <http://portal.mec.gov.br/secad/index2.php?option=content&dopdf=1&id=98&banco>. Acesso em: 25 jul. 2008b.

BRASIL, Ministério da Educação. *Caderno 5*: Gestão democrática e a escolha de diretores. Disponível em: <http://portal.mec.gov.br/seb/index.php?option=content&task=view&id>. Acesso em: 25 jul. 2008c.

BRASIL. Ministério da Educação. *Pais atuantes são o segredo de escola modelo em Goiás*. Disponível em: <http://portal.mec.gov.br/index.php?option=com content&task=view&interna=1&id=9293>. Acesso em: 25 jul. 2008d.

COSTA, Marisa Vorraber. A escola rouba a cena! In: COSTA, M. V. (Org.). *A escola tem futuro?* Rio de Janeiro: DP&A, 2003. p. 11-22.

EWALD, François. *Foucault, a norma e o direito*. Lisboa: Vega, 1993.

FOUCAULT, Michel. O Sujeito e o Poder. In: RABINOW, P.; DREYFUS, H.. *Michel Foucault, uma trajetória filosófica: para além do estruturalismo e da hermenêutica*. Rio de Janeiro: Forense Universitária, 1995. p. 231-249.

FOUCAULT, Michel. *Resumo dos Cursos do Collège de France (1970-1982)*. Rio de Janeiro: Jorge Zahar, 1997.

FOUCAULT, Michel. *Seguridad, território, población*: Curso en el Collège de France: 1977-1978. Buenos Aires: Fondo de Cultura Económica, 2006.

FOUCAULT, Michel. *Nacimiento de la biopolítica: Curso en el Collège de France: 1978-1979*. Buenos Aires: Fondo de Cultura Económica, 2007.

GIDDENS, Anthony. *Mundo em descontrole: o que a globalização está fazendo de nós*. Rio de Janeiro: Record, 2003.

HARDT, Michael; NEGRI, Antonio. *Império*. Rio de Janeiro: Record, 2003.

HARDT, Michael; NEGRI, Antonio. *Multidão: guerra e democracia na era do Império*. Rio de Janeiro: Record, 2005.

KLAUS, Viviane. *A Família na Escola: uma aliança produtiva*. Porto Alegre: UFRGS, 2004. Dissertação (Mestrado em Educação) – Programa de Pós-Graduação em Educação, Faculdade de Educação, Universidade Federal do Rio Grande do Sul, Porto Alegre, 2004.

PIERUCCI, Antônio Flávio. *Ciladas da diferença*. São Paulo: Curso de Pós-Graduação em Sociologia da Universidade de São Paulo: Ed. 34, 1999.

ROSE, Nikolas. El gobierno en las democracias liberales "avanzadas": del liberalismo al neoliberalismo. *Archipiélago: Cuadernos de critica de la Cultura*. Barcelona: Archipiélago, 1996a, p. 25-41.

ROSE, Nikolas. The death of the social? Re-figuring the territory of govermment. *Economy and Society*, v. 3, n.25, p. 327-356, aug. 1996b, p. 327-356.

SENNETT, Richard. *A corrosão do caráter: consequências pessoais do trabalho no novo capitalismo*. Rio de Janeiro: Record, 2004.

VEIGA-NETO, Alfredo. Pensar a escola como uma instituição que pelo menos garanta a manutenção das conquistas fundamentais da modernidade. In: COSTA, M. V. (Org.). *A escola tem futuro?* Rio de Janeiro: DP&A, 2003. p. 103-12.

Educação e governamento

Alfredo Veiga-Neto entrevista Jorge Larrosa

Alfredo –
Talvez possamos começar pelo modo pedagógico de tratar o fato humano da pluralidade por uma consideração da pedagogia de um ponto de vista de sua relação com a diferença; em outras palavras, com o fato de que a diferença existe.

Jorge –
Vamos primero con la palabra *modo* que tiene que ver con *modular* (es decir, con una cuestión de orden, de proporción y de medida... de ahí su uso musical) con *moderar* (con una cuestión de *modales*, de buenos o de malos modales, de buenas o de malas maneras), con *modelar* (con ajustar a un *modelo* ideal o *modélico*), con *acomodar* (y, por lo tanto, con el par *cómodo/ incómodo*). Por otra parte, la pregunta por el modo o la manera, el *quo modo* en su versión apocopada *quomodo*, es la que da el *cómo*, es decir, el método, el medio, la vía, el procedimiento, la regla... de cualquier práctica. Además, la palabra *moderno* también tiene que ver con modo: lo moderno sería un determinado modo de pensar, de decir y de hacer que contrastaría con otro modo, o con otros modos, que serían marcados como antiguos o periclitados, como propios de otros tiempos. La modernidad

no sería otra cosa que el conjunto de modos que caracterizan el presente o, mejor dicho, un cierto modo de entender y de vivir el presente (en relación con el pasado y con el futuro, claro). Desde esta perspectiva, la pedagogía, lo que Jan Masschelein llama "el régimen pedagógico", podría entenderse, en relación a tu pregunta, como un determinado modo, específicamente moderno, de modular, de moderar, de modelar y de acomodar la pluralidad humana. Un modo, desde luego, entretejido con otros (médicos, psicológicos, jurídicos, policiales, urbanísticos, sociales, políticos, etc.).

Tendríamos, por un lado, el hecho humano de la pluralidad, la condición humana de la pluralidad, el hecho, como decía Hannah Arendt, de que son los hombres y no el Hombre los que viven en la tierra y habitan el mundo, el hecho de que la condición humana se declina en plural, de que lo que hay es diferencia y pluralidad... y tendríamos, por otro lado, una serie de medios, de procedimientos, de reglas, de prácticas, de maneras específicamente pedagógicas de conformar esas diferencias y esa pluralidad.

El modo pedagógico de lidiar con la diferencia se subordina, me parece, a la obsesión moderna por el orden, por el colocar a cada cosa en su lugar y por el dar un lugar para cada cosa. Y esa obsesión ordenadora es, al mismo tiempo, una obsesión clasificatoria: cada cosa tiene que tener un nombre (tiene que pertenecer a una categoría) y tiene que haber un nombre (una categoría) para cada cosa. Pero clasificar y nombrar son operaciones que identifican, que definen, que determinan, que apartan, que separan. Toda clasificación es un acto de inclusión-exclusión, un modo de dividir el mundo entre lo que pertenece y lo que no pertenece a la categoría, lo que corresponde y lo que no corresponde al nombre. Y por eso mismo es violenta, coercitiva. De ahí que la pedagogía se relacione con la pluralidad y con la diferencia aplicando procedimientos de identificación y sirviéndose, para ello, de las ciencias sociales (básicamente la psicología, especialista en identificar diferencias individuales o, lo que es lo mismo, fabricando individuos, la sociología, especialista en diferencias sociales o, lo que es lo mismo, fabricando grupos y subgrupos, y la antropología, especialista en diferencias culturales o, lo que es lo mismo, fabricando culturas y subculturas).

El primer componente del modo pedagógico sería, entonces, una operación de identificación con aspiraciones de totalidad. Nada puede quedar sin identificar. E identificar significa también objetivar, tematizar, especializar y espacializar. De ahí los temas, los expertos, los especialistas, los que saben, los que detentan las posiciones y las imposiciones en el orden del saber: acerca de niños, de adolescentes, de jóvenes, de sexualidades, de inteligencias, de deficientes, de pobres, de lenguajes, de indígenas, de desempleados, de emigrantes. De ahí los diferentes modos de identificación, y los diferentes modos de fabricación de aquello que se ha identificado: de infantilización de la infancia, de adolescentización de la adolescencia, de feminización de las mujeres, de deficientización de los deficientes, de indigenización de los indígenas, de normalización de los normales y de anormalización de los anormales... de alterización, en definitiva.

El segundo componente es una operación propositiva. El orden es también, en la modernidad, un propósito, un objetivo, una finalidad, un horizonte, un ideal. La modernidad es, entre otras cosas, la creencia en que un determinado orden humano puede fabricarse. De ahí que lo real (compuesto ya de diferencias identificadas o identificables o en curso de identificación) pueda ser dominado, manipulado, gestionado, ordenado, conducido, llevado a su fin conveniente. De ahí que lo real sea definido por una relación particular entre lo que es y lo que debería ser. Una relación en la que lo que es, o lo que hay, se subordina a lo que debería ser.

Si la obsesión identificadora produce el saber de lo que es... la obsesión propositiva, intencional, produce el deber de lo que debería ser. Y ahí la pedagogía pone en juego una serie de intenciones, de buenas o de malas intenciones, sobre la pluralidad humana. O, dicho de otro modo, convierte la condición humana de la pluralidad en un problema y, por tanto, en algo que requiere una solución. Los niños, los adolescentes, las mujeres, los deficientes, los indígenas, los emigrantes... son un problema al que hay que darle una solución. Y aquí se propondrán mejores o peores soluciones o, si se quiere, se producirán discursos y polémicas sobre cuál es la mejor solución. Por eso, el régimen pedagógico está compuesto por operaciones de identificación (las que llevan a cabo los expertos, los especialistas, los que hablan en nombre del saber) y por operaciones de finalización (las que llevan a cabo los críticos, los moralistas, los que hablan en nombre de los ideales, de las metas, de los fines o las finalidades, de las mejores o peores intenciones, de lo que debería ser).

La pedagogía, el régimen pedagógico, no sería otra cosa que la serie de soluciones específicamente educativas que se dan a los problemas de la pluralidad humana, al modo como la pluralidad humana hace problema o se constituye en problema o es construida como problema. Y aquí el par inclusión/ exclusión (con todas sus posibilidades) constituye el núcleo del modo pedagógico de tratar el problema de la pluralidad humana. La pedagogía moderna ha explorado las tres posibilidades fundamentales de ese modo: la *exclusión* pura y dura (poner en juego reglas que segreguen o que separen o que excluyan a todo lo que sea nombrado como diferente), la *inclusión homogeneizadora* (estrategias y prácticas tendentes a borrar o a eliminar o a cancelar la diferencia), y la *inclusión diferencial* (es decir, procedimientos orientados a la identificación y posterior implantación de diferencias bien definidas). Siempre un juego de orden y de ordenaciones, de posiciones e imposiciones.

Alfredo –
Tudo estaria, então, no modo como a Modernidade converte a diferença em problema e o modo como a pedagogia trata de oferecer soluções educacionais para tal problema.

Jorge –

El régimen pedagógico moderno transforma la cuestión de la diferencia (la diferencia como cuestión) en el problema de la diferencia (la diferencia como problema). Podríamos explorar el par cuestión/problema, la cuestión de la diferencia *versus* el problema de la diferencia, siguiendo el modo como Jean-Claude Milner habla del modo europeo de tratamiento de lo judío en su libro *Las inclinaciones criminales de la Europa democrática* (MILNER, 2007). Para Milner, el antisemitismo es la conversión de la cuestión judía en el problema judío. Y nosotros podríamos preguntarnos si la pedagogía moderna no será uno de los modos de convertir la cuestión de la diferencia en el problema de la diferencia. O, dicho de otro modo, si la pedagogía moderna no será precisamente un modo de nombrar la diferencia: nombrarla como un problema (o una serie de problemas) que hay que solucionar.

Una cuestión se inscribe en el orden de la lengua, mientras que un problema se inscribe en el orden de la objetividad. Una cuestión sólo existe si un hablante la plantea a otro hablante (o a sí mismo), mientras que un problema existe independientemente de que sea o no planteado. Una cuestión es subjetiva, mientras que un problema es objetivo. Una cuestión pide una respuesta, y permanece abierta en tanto que esa respuesta sólo puede ser singular, finita, provisional. Un problema, sin embargo, pide una solución, que puede ser definitiva o transitoria, total o parcial, acertada o desacertada, dolorosa o indolora. Para Milner, la modernidad sería un modo de aplicar la forma problema/solución a temas sociales. La noción moderna de administración surge cuando la gubernamentalidad se configura desde el par problema/solución. Así, pensamos lo social como el lugar de los problemas, y lo político o administrativo como el lugar de las soluciones.

Desde este punto de vista, la pluralidad humana es el lugar del problema, y la educación, la política educativa, es el lugar (o uno de los lugares) de la solución. Y el progreso de la sociedad, la fabricación de un orden social reputado como mejor, depende de que seamos capaces de encontrar soluciones (políticas, administrativas, pedagógicas) a los problemas (sociales) de la diferencia. Y las tres posibilidades que señalaba antes, la *exclusión*, la *inclusión homogeneizadora* y la *inclusión diferenciadora* tienen en común que son soluciones, es decir, modos alternativos de resolver un mismo problema, la diferencia en tanto que ha sido construida como problema, en tanto que es definida como un problema.

A mí me parece que usar la categoría de experiencia (pensar la educación como la experiencia de la diferencia, o como la experiencia de la pluralidad) es un modo de abrir cuestiones (las cuestiones de la diferencia, los distintos modos como la diferencia cuestiona y nos cuestiona, como nos pone en cuestión) en el lugar mismo en el que el régimen pedagógico identifica problemas.

Alfredo –

Abandonar um certo modo e experimentar outro.

Jorge –

Abandonar el modo que pasa por la identificación y por el saber (abandonar por tanto la posición de expertos o especialistas), abandonar el modo que pasa por el propósito y por el deber ser (abandonar por tanto la posición de moralistas), y abandonar, por último, cualquier planteamiento en términos de inclusión/exclusión. Cambiar los modos pedagógicos de decir y de pensar la diferencia. Plantear de otro modo la pregunta por qué hacer.

Alfredo –

De certa maneira, isso não implica um câmbio, uma mudança, cujo âmbito vai bem além da própria pedagogia? Em outras palavras: essa não seria uma tarefa grande demais para a pedagogia?

Jorge –

Es que esa no es tarea para la pedagogía. Como el maestro ignorante, no creo en las instituciones ni en las políticas institucionales. Ni en las instituciones de saber ni en las instituciones de poder. De lo que se trata es de otra cosa: de si somos capaces, individual o colectivamente, de trabajar en educación de una forma que difiera (que haga diferencia) de las lógicas institucionales. Si somos capaces de experimentar teorías y prácticas, formas de pensar, formas de decir y formas de hacer en educación, que sean heterológicas respecto a las formas biopolíticas y gubernamentales de modular la cuestión de la exclusión y la inclusión. Si somos capaces de experimentar otras formas de vida, en definitiva. Pero eso no es una tarea para la pedagogía institucional, ni para la política institucional. Es una tarea para individuos. Creo que el ejemplo de Jacotot (aunque él trabajase en otro contexto y en relación a otros problemas) puede servir en relación a tu pregunta.

Como sabes, el maestro ignorante, que había vivido la experiencia revolucionaria, sabía que la "buena nueva" que anunciaba, la emancipación intelectual, no tenía ninguna posibilidad en el mundo que estaban diseñando los "hombres de progreso" de su tiempo. Y también nosotros sabemos que, digamos lo que digamos y hagamos lo que hagamos, no tenemos nada que hacer frente a las teorías y las prácticas educativas que diseñan los hombres de progreso de nuestro tiempo. Por eso el loco de Jacotot insistía en que sólo se dirigía a individuos, que sólo los individuos pueden experimentar con otros la igualdad y la libertad, que sólo un individuo emancipado puede emancipar a otro, *"que nunca ningún partido ni ningún gobierno, ningún ejército, ninguna escuela ni ninguna institución emancipará a persona alguna"* (RANCIÈRE, 2003, p. 132) que no puede haber estados ni sociedades ni instituciones emancipadas, que la igualdad y la libertad sólo pueden darse entre sujetos singulares y en espacios y tiempos también singulares, que la verificación con otros de la igualdad y la libertad será siempre una forma disensual y efímera del actuar humano, que *"sólo el que abandona los mecanismos de la máquina social tiene la oportunidad de hacer circular la energía eléctrica de la emancipación"* (RANCIÈRE, 2003, p. 140). Por eso su moral lo era *"del fracaso y de la distancia"*, pero estaba dispuesto a *"mantenerla hasta el final con todo el que quisiese compartirla"* (RANCIÈRE, 2003, p. 177).

Por eso creo que no se trata de proponer un modo de pensamiento alternativo, o una política alternativa. Porque no hay alternativa. En realidad, otra educación y otra pedagogía, así en general, no es posible. Lo que no quiera decir que no tenga lugar, o que no acontezca, en múltiples lugares. Pero siempre será una experiencia, una apuesta individual o colectiva de seres concretos y singulares.

Alfredo –

Parece-me particularmente interessante que, no início desta nossa entrevista, tenhas recorrido a Hannah Arendt e seu brilhante *insight*: quem habita o mundo não é propriamente o Homem (no singular e com inical maiúscla), mas sim os homens (no plural e com inicial minúscula). À primeira vista, isso pode parecer simples; mas o seu alcance é imenso. Nunca será demais insistir: Hannah Arendt nos lembrou de que o Homem é uma invenção que a modernidade levou às últimas consequências, uma invenção que acabou funcionando como fonte e suporte dos muitos movimentos fundamentalistas, totalitários e totalizantes, unitaristas, autoritários, convergente e (digamos) "antipluralitários" que cresceram e se espalharam tão dramaticamente no século XX.

É justamente no horizonte de tal entendimento que faço uma provocação: é razoável pensar, então, que a atual expansão da pedagogia está articulada com a expansão contemporânea dos fundamentalismos, totalitarismos, unitarismos e autoritarismos? Afinal, cada vez mais, parece que há pedagogia por toda parte e de todo tipo: além das tradicionais pedagogias escolares, hoje se fala em pedagogias da mídia, pedagogias culturais, pedagogias do consumo, pedagogia surda, pedagogia do cinema, pedagogia empresarial, pedagogias do esporte, pedagogias dos movimentos sociais e, até mesmo, pedagogias alternativas (mesmo sem saber em relação a que elas se apresentam como alternativas...). Tal proliferação não estaria a serviço de domesticar a diferença, ou seja, colocar a diferença sob o domínio do Uno? Uma tal variedade de pedagogias, mais do que significar que finalmente a (grande) Pedagogia assumiu a diferença, não parece significar uma estratégia para alcançar a diferença lá nas frinchas e nos limites onde ela ainda se esconde para, desse modo, trazê-la de volta à mesmidade? Em outras palavras: independentemente das qualificações que se lhe atribuem, os diferentes regimes pedagógicos não parecem situar-se, todos, no mesmo registro da "velha e boa" pedagogia?

Para maior clareza acerca das palavras que estou usando, vale fazer aqui dois comentários. Em primeiro lugar, trazer Hannah Arendt nos faz lembrar também o caráter inarredavelmente domesticador da Educação, na medida em que *educar* – do latim *ē-* + *ducare* > *ex-* + *ducĕre* – significa conduzir alguém para fora, para outro lugar ou domínio ao qual ele não pertence e, desse modo, trazê-lo para o *domínio* – do latim: *domus* (casa, lugar familiar) – de quem educa. Em segundo lugar, é claro que essa casa, esse domínio, esse lugar familiar e, no nosso caso, esse Uno a que me referi pode variar de sistema para sistema, de ideologia para ideologia.

Em outra formulação: na medida em que a pedagogia apresenta-se como a solução para o (assim considerado) problema da diferença, ela mesma, a pedagogia, não deve multiplicar-se para que possa alcançar mais capilar e efetivamente a diferença em suas ínfimas "intimidades" e em suas infinitas modulações?

Jorge –

Quería precisar, en primer lugar, que la afirmación de la pluralidad no es nueva en el orden del pensamiento y corre paralela a esa invención del Hombre propia de la modernidad. Ya en los inicios de la modernidad, Montaigne reiteraba la afirmación pluralista. Al principio de su maravilloso ensayo "De la experiencia" afirma que es precisamente la experiencia la que muestra que *"la consecuencia que pretendemos sacar con la comparación de los acontecimientos es insegura, puesto que son siempre desemejantes. Ninguna cualidad hay tan universal como la diversidad y la variedad"*. Y continúa con un ejemplo tan maravilloso que no me resisto a seguir la cita: *"los griegos y los latinos, y también nosotros, para emplear el más expreso ejemplo de semejanza, nos servimos del de los huevos; sin embargo hombres hubo, señaladamente uno en Delfos, que reconocía marcas diferenciales entre ellos, de tal suerte que jamás tomaba uno por otro; y como tuviera unas cuantas gallinas sabía discurrir de cuál de ellas era el huevo de que se tratara. La disimilitud existe por sí misma y ningún arte puede llegar a la semejanza (…). La semejanza es siempre menos perfecta que la diferencia. Diríase que la naturaleza se impuso, al crear, el no repetir sus obras, haciéndolas siempre distintas"* (MONTAIGNE, 2004, p. 29-30). ¡Qué ejemplo de antiplatonismo! Y esa misma actitud de partir de la diferencia, pero no para abolirla sino para habitar en ella, es la que anima a Spinoza, a Schopenhauer, a Nietzsche, a Kierkegaard, hasta llegar a las filosofías de la diferencia y de la pluralidad del siglo XX. De todos modos, no sólo hay discurso teórico en este mundo. La literatura siempre ha tratado con la pluralidad humana. Por ejemplo, los naturalismos del XIX (Stendhal, Balzac) que, curiosamente, son contemporáneos al desarrollo de grandes dispositivos de homogeneización biopolítica. Lo que ocurre es que los "hombres de progreso" de todos los tiempos, es decir, los que ocupan posiciones dominantes en el saber y en el poder, los que diseñan los grandes discursos y las grandes políticas, los que elaboran cómo es el mundo y cómo habría que diseñarlo, esos nunca han usado la literatura (la literatura no permite ese tipo de posiciones desde arriba, no permite hablar y pensar y actuar en general) y han preferido otros tipos de discurso (como el de la filosofía y los de las ciencias) que por su origen y estructura favorecían un uso totalitario.

Otra cosa, y en eso también comparto tu posición, es la complicidad de la constelación ideológica humanista con los totalitarismos del siglo XX. La definición de lo Humano implica necesariamente designar lo Inhumano como su otro necesario. Y las figuras de lo inhumano son los locos, los deficientes, los salvajes, los niños, los inmorales, los perversos, etc., todos aquellos a los que hay que separar o, en la otra figura, a los que hay que humanizar, esto es, convertir en humanos. Todas las concepciones pedagógicas de la educación como humanización son deudoras de esta constelación ideológica.

Pero tu provocación, me parece, tiene que ver, en primer lugar, con la extensión de la pedagogía (con la construcción de una sociedad completamente pedagogizada, en la que todas las prácticas sociales se piensan con un molde pedagógico) y, en segundo lugar, con una extensión diversificada, como si ese modo pedagógico del que hablábamos antes tuviera una enorme capacidad de modularse de forma diferenciada para adaptarse mejor a situaciones y a poblaciones múltiples. Y a mí también me da la impresión de que la conversión de la Pedagogía en una proliferación de pedagogías no responde al trabajo de la diferencia, sino al trabajo de la unidad diversificada y multiplicada. Por eso es interesante, me parece, no atender demasiado a los discursos con los que estas pedagogías legitiman sus prácticas, sino observar sus procedimientos, sus estrategias, sus formas concretas de actuación. Y ahí, si estamos lo suficientemente atentos, lo que se da es el reinado de lo mismo. Un reinado que hoy es más bien republicano, y que se da en esa extraña red tejida entre expertos, periodistas, políticos y funcionarios. Una red que apenas deja escapar nada a la lógica implacable de la gubernamentalidad.

Referências

MILNER, Jean-Claude. *Las inclinaciones criminales de la Europa democrática*. Buenos Aires: Manantial 2007.

MONTAIGNE, M. de. *De la experiencia*. México: UNAM. 2004. p. 29-30.

RANCIÈRE, J. *El maestro ignorante*. Barcelona: Laertes: 2003.

As autoras e os autores

ALFREDO VEIGA-NETO
Professor convidado do Programa de Pós-Graduação em Educação da Universidade Federal do Rio Grande do Sul (UFRGS). Doutor em Educação pela UFRGS. Mestre em Ciências pela UFRGS. Graduado em História Natural e em Música pela UFRGS. Coordenador do Grupo de Estudo e Pesquisa em Currículo e Pós-Modernidade (Gepec/UFRGS).
E-mail: alfredoveiganeto@uol.com.br

ANA PAULA ROSS
Foi professora dos cursos de Licenciatura, Gastronomia (Metodologia de Ensino) e do Curso de Pedagogia da Universidade do Vale do Rio dos Sinos (Unisinos), atuando também como assessora pedagógica da Unidade Acadêmica de Educação Continuada e da Unidade de Recursos Humanos na mesma instituição. Mestre em Educação pela Universidade Federal do Rio Grande do Sul (UFRGS). Licenciada em Pedagogia pela Unisinos. Foi integrante do Grupo de Estudo e Pesquisa em Inclusão (Gepi/Unisinos). Integrante do Grupo de Pesquisa Travessia (UFJF).
E-mail: anapaularoos@yahoo.com.br

BETINA S. GUEDES
Doutoranda e mestre em Educação pela Universidade do Vale do Rio dos Sinos (UNISINOS). Especialista em Educação pela UNISINOS. Graduada em Fonoaudiologia pela Pontifícia Universidade Católica do Paraná (PUC/PR). Professora dos cursos de Licenciatura da Universidade do Vale do Rio dos Sinos (UNISINOS). As pesquisas que desenvolve atualmente abordam os temas da in/exclusão, educação de surdos, cultura e currículo, concebendo

a surdez como constituindo uma diferença política e cultural. Integrante do Grupo Interdisciplinar de Pesquisa em Educação de Surdos (GIPES/CNPq) e do Grupo de Estudo e Pesquisa em Inclusão (GEPI/CNPq).

E-mail: guedesbe@gmail.com

ELÍ HENN FABRIS

Professora do Programa de Pós-graduação em Educação e do Curso de Pedagogia da Universidade do Vale do Rio dos Sinos (Unisinos). Doutora e Mestre de Educação pela Universidade Federal do Rio Grande do Sul (UFRGS) Licenciada em Pedagogia pela UPF (Passo Fundo). Integra a linha de pesquisa: Formação de professores, Currículo e Práticas Pedagógicas (Unisinos). As pesquisas que desenvolve têm como foco os seguintes temas: relações entre escola e produção das diferenças; docência em escolas de periferia, práticas pedagógicas, desempenho escolar e relações entre as mídias contemporâneas e a docência. Coordena o Grupo de Estudo e Pesquisa em Inclusão (GEPI/CNPq).

E-mail: fabris2000@uol.com.br

IOLANDA MONTANO DOS SANTOS

Coordenadora do Curso de Pedagogia das Faculdades Integradas São Judas Tadeu (SJT). Doutora e Mestre em Educação pela Universidade Federal do Rio Grande do Sul (UFRGS). Especialista em Supervisão Educacional pela Faculdade Porto-Alegrense de Educação, Ciências e Letras (FAPA). Licenciada em Ciências Sociais pela Pontifícia Universidade Católica do Rio Grande do Sul (PUC/RS). Integrante do Grupo de Estudo e Pesquisa em Currículo e Pós-Modernidade (Gepec/UFRGS) e do Grupo de Estudo e Pesquisa em Inclusão (Gepi/Unisinos).

E-mail: imontano@via-rs.net

JORGE LARROSA

Professor de Filosofia da Educação da Universidade de Barcelona. Doutor em Pedagogia. Realizou estudos de pós-doutorado no Instituto de Educação da Universidade de Londres e no Centro Michel Foucault, em Paris.

E-mail: jlarrosa@ub.edu

Mara Marisa da Silva

Pedagoga, especialista em Planejamento e Gestão da Educação pela URI, mestre em Educação pela Unisinos. Integrante do grupo de Estudos e Pesquisas em Inclusão (GEPI/Unisinos) e suas pesquisas abordam temáticas sobre infância, família, escola moderna e inclusão escolar. Atua como professora convidada nos cursos de especialização da Portal Faculdades e como Coordenadora Pedagógica da Educação Infantil nas redes municipais de Ivoti e Dois Irmãos.

E-mail: mara.silva@pop.com.br

Maura Corcini Lopes

Professora do Programa de Pós-Graduação em Educação e do curso de Pedagogia da Universidade do Vale do Rio dos Sinos (Unisinos). Doutora e Mestre em Educação. Especialista e graduada em Educação Especial pela Universidade Federal de Santa Maria (UFSM). Coordenadora do Grupo Interinstitucional de Pesquisa em Educação de Surdos (Gipes/CNPQ), integrante do Grupo de Pesquisa em Currículo, Cultura e Sociedade (Unisinos/CNPQ) e do Grupo de Estudo e Pesquisa em Inclusão (Gepi/CNPQ). Bolsista Produtividade em Pesquisa (CNPQ).

E-mail: maurac@terra.com.br

Morgana Domênica Hattge

Supervisora Escolar na Escola de Educação Básica Feevale – Escola de Aplicação. Professora convidada no Curso de Especialização em Educação Especial, na Unisinos e em Cursos de Especialização do Instituto Educar Brasil – Portal Faculdades e Servi Faculdades – Pólo Uniasselvi. Doutoranda e Mestre em Educação pela Unisinos. Especialista em Gestão Educacional pela Faccat. Licenciada em Pedagogia pela Unisinos. Integrante do Grupo de Estudo e Pesquisa em Inclusão (Gepi/Unisinos).

E-mail: morganahdomenica@yahoo.com.br

Rejane Ramos Klein

Pedagoga, Mestre e Doutora em Educação pela Universidade do Vale do Rio dos Sinos - Unisinos. Atualmente vem desenvolvendo sua pesquisa na área da Educação, estudando o tema da avaliação na sua articulação com o currículo e a inclusão escolar, sendo integrante do grupo de estudos e pesquisas em inclusão (GEPI/UNISINOS). Atua como professora no Curso de Especialização em Educação Especial e também como assistente pedagógico no setor de desenvolvimento de pessoal - formação docente na Universidade do Vale do Rio dos Sinos - UNISINOS/RS.

E-mail: rrklein@unisinos.br

ROBERTA ACORSI

Doutoranda em Educação pela Universidade Federal do Rio Grande do Sul (UFRGS, bolsista CAPES). Mestre em Educação pela Universidade Luterana do Brasil (ULBRA), Especialista em Educação Especial e Pedagoga pela (Universidade do Vale do Rio dos Sinos (UNISINOS). Membro do Grupo de Estudos e Pesquisa em Inclusão (GEPI / UNISINOS) e do Grupo de Estudos e Pesquisa em Currículo e Pós-modernidade (GEPEC-Pós / UFRGS). Seus interesses de pesquisa circulam sobre a temática da inclusão e sua articulação com a configuração social contemporânea.

E-mail: roberta.acorsi@terra.com.br

SÍLVIO GALLO

Professor do Programa de Pós-Graduação em Educação da Universidade Estadual de Campinas (UNICAMP). Doutor em Educação pela UNICAMP. Graduado em Filosofia pela Pontifícia Universidade Católica de Campinas. Bolsista Produtividade em Pesquisa CNPq.

E-mail: gallo@unicamp.br

VIVIANE KLAUS

Possui graduação em Pedagogia pela Universidade do Vale do Rio dos Sinos (UNISINOS). É Mestre e Doutora em Educação pela Universidade Federal do Rio Grande do Sul (UFRGS). Também é professora do curso de Pedagogia e demais licenciaturas da Universidade do Vale do Rio dos Sinos (UNISINOS). É integrante da Equipe de Formação Docente (UNISINOS), do Grupo de Estudos e Pesquisas em Currículo e Pós-Modernidade (GEPCPós/UFRGS) e do Grupo de Estudo e Pesquisa em Inclusão (GEPI/CNPq).

E-mail: viklaus@terra.com.br

Qualquer livro do nosso catálogo não encontrado nas livrarias pode ser pedido por carta, fax, telefone ou pela Internet.

Rua Aimorés, 981, 8º andar – Funcionários
Belo Horizonte-MG – CEP 30140-071

Tel: (31) 3222 6819
Fax: (31) 3224 6087
Televendas (gratuito): 0800 2831322

vendas@autenticaeditora.com.br
www.autenticaeditora.com.br

Este livro foi composto com tipografia Minion e impresso em papel Off Set 75 g. na Formato Artes Gráficas.